言葉が足りないとサルになる

現代ニッポンと言語力

岡田憲治
Kenji Okada

亜紀書房

言葉が足りないとサルになる

現代ニッポンと言語力——もくじ

Ⅲ　言葉がもたらすもの

はじめに

◉——たくさんの言葉が世界を変える

唐突ですが、サッカー日本代表が一九九八年のフランス大会からずっと続けてワールドカップに出場できるようになった大きな理由の一つを御存知でしょうか。それは、サッカーをとりまく人々（サッカー協会、良質なジャーナリズム、地味に頑張っている全国の指導者、サッカーの選手たち、サッカーを愛する人々）が、プロ化を目指して以降、ずっとサッカーについて以前より**「たくさんの言葉を使ってしゃべった」**からです。

「んな、あほな。強なったんは、才能ある選手がぎょうさん出てきたからやろ。中田とか小野とか稲本とか」と思っている方にお返しします。その通りなのですが、逆の順番の話もあるのです。指導者はもちろんのこと「全体としてのサッカーに関わる人たち」が、世界の状況を知って、以前より豊かな言葉でサッカーについて何年も語ったから「言葉をきちんと使えて、それゆえ頭を使ってサッカーができる」中田や小野を発見し育て、活躍させることができたんです。

同時に、ワールドカップに出るには出ますが、どうしてもある壁を突き破って「世界の8強」

になれない理由は何だと思いますか。それは選手やマスメディアやサポーターに**「まだまだ言葉が足りない」**からです。そうなんですからそうなんです。冒頭からわがままかつ強引ですみません。でも、そう言わないと、このギャンブルのような本が始まらないのです。世界に細かい配慮をしてから啖呵を切る人は政治家だけです。

カメラを買って、一人で山や花や街の写真を撮っていて、それでも何だか物足りなくて、近所の写真サークルに入ったら、何だかいい写真が撮れるようになった人がいっぱいいます。どうしてだと思いますか。それは立派な先生に指導を受けたからかもしれませんね。でも、じつは優れた言葉で写真を語る先生に刺激を受け、それをきっかけに写真について以前よりたくさんの言葉であーでもないこーでもないと呑みながら談義する機会が増えたからです。「写真だろ? 言葉じゃないよ。写真はセンスを磨かなきゃ。ゲージツ的センスをさ」と鼻で笑っている読者の方。おっしゃることは全然間違っていませんが、やっぱり逆側も言わねばならないのです。センスがよくなったのは、サークルの定例会の帰りに居酒屋に行って、「君の写真は、すでに神様に事前に指差されているような場所に最初からいるようなところで撮った写真だね。これを卑怯な写真というのさ」などと、くだらないけどめちゃめちゃ楽しい写真の雑談を大量にしたからです。そうなんですから、そうなんです。しつこいですね(笑)。

過日、半世紀もの間政権党だった政党が野党になって、野党だった政党が政権を獲りました。原因や理由は、挙げればきりがありませんし、私はこれでも政治学者ですから、「政権交代の要因について」というタイトルで二〇回ぐらいは講義できないと、月給泥棒と言われるかもしれません。でも、ここではたくさんある要因のうち、**一つのことに**話を集中してみたいのです。先んじて言ってしまいましょう。政権交代が起こった大きな理由の一つは、マスメディアと有権者のみなさんが「いくらなんでもひどすぎねえ？」と、これまでにないほど「たくさんの言葉を使って」、「やや異なるトーンで」、「ものすごい量のおしゃべり」をこの数年したからなのだと。

本当にどれだけのおしゃべりが増えたのか、統計を取って、インタビューして、調査票五万枚集めて、電話調査もして、そうやった結果を踏まえて言っているのかと聞かれたら、申し訳ありませんが「やってません」としか言いようがありません。実際やってませんから。でも、こういうふうに言ってみせて、啖呵を切ってみせて、まずはこの本を始めたいのです。別に現政権党の宣伝をしているわけではありません。最近は、御祝儀相場も過去となり、その後の選挙で厳しい評価を下されていますが、みなさんが新政府を支持しようと支持しまいと、かつての政権党が野党になって金の切れ目が縁の切れ目と冷徹に判断し、早速新政府のお偉いさんに菓子折り持って挨拶に行こうが行くまいが、私としては次のように言ってみて、そして考えてみたいのです。

「血の一滴も流さずに、（途中一〇カ月ほど合間がありましたが）五〇年以上も政治権力を握っていた人たちから、別の集団に権力を移すような『紳士的な革命』ができた理由の一つは、人々が自分たちにとって切実だなと思ったことについて、『これまで以上に』たくさんおしゃべりを

したからなのだ」と。

このあと、いっぱいの言葉を紡いで、私はそういう「言葉の花火」を打ち上げてみたいのです。この物言いが成功するかどうかはわかりません。どういうふうになれば成功したということになるのかすらよくわかりません。でもいいのです。人生は短いのです。四〇代後半になれば明日死んでも文句を言えないのですから、迷っている場合ではないのです。おちょこ片手にテレビを見ながら家人にブツブツ「こんなことじゃだめだあ！」とか言っててもダメなのです。これでも物書きのはしくれなのですから。

物を書くという行為がすべてそうであるように、これは賭けです。私は、数年前にある本（『はじめてのデモクラシー講義』、柏書房）を書いて、やっぱり「はじめに」のところに、この本は「ギャンブルみたいな本です」と書いてしまいました。そういう博打みたいな本の書き方はよくないと、一部の諸先輩からお叱りを賜りました。先輩、その節はどうも御指導ありがとうございました。しかし、反省する気はさらさらありません。だから私は政治学徒であると同時に、「政治博徒」というわけです。

どんなことであろうと、この世にある「好きなこと」と「かなり大事なこと」に関して、言葉をたくさん使って、ああでもないこうでもないとおしゃべりをすると、そんなことしないで黙って静かに暮らしているよりも、一〇〇％確実に世の中は楽しくかつ良くなります。悪くなることもたくさんありますが、ちゃんと話をすれば、お相撲で言えば八勝七敗くらいで楽しく良い世の中になります。言葉は使えば使うほど、なんだかんだ言っても私たちの幸福にどこかでつながります。逆に「好きなこと」や「大事なこと」をあまりに少ない言葉で済ませる習慣がつくと、何が好きなのか、何が本当には大事なのかがわからなくなります。ちなみに好きなものがない人生のことを暗黒の人生と呼びます。とにかくたくさん話すことが必要です。「無駄なおしゃべり」という言葉もありますが、この際問題の重要性に鑑みて、どーんと言ってしまいます。無駄なおしゃべりすら、いや無駄なおしゃべりこそ、それはみんなの幸せにつながっていると。「言葉の無力さ」に打ちひしがれた20歳の青春を経たけれども、嘘八百を喋り散らされて酷く心を傷つけられたけど、それでもやはり、「もっと言葉が必要だ」と思わざるを得ません。私はしぶといのです。

◉——幼児語を使ってはいけない

でもこの法則には、一つだけ譲れない条件があります。それは「幼児語は絶対に使ってはいけない」ということです。「ニッポンには大人が一億人いるんだよ。大の大人が幼児語なんて使うわけねえだろ」と呆れている読者もいらっしゃるでしょう。ちなみに幼児語とは「はぁーい！ダイキくぅーん！　パパでちゅよぉー！」という気持ちの悪いしゃべり方のことではありません。ですから、みんな使います。最近は。困ったことに、それを幼児語と気づかずにです。学校を出ていても出ていなくても同じです。スタートダッシュなので、やはりもういくつか先に言ってしまいましょう。

「ウゼぇ」は昨今本当に困った幼児語です。

「チョーヤバくねぇ？」は王道を行く幼児語です。

「っていうかアリっぽくねぇ？」はもはや「チョー」幼児語です。

「感動をありがとう！」は、幼児語ではありませんが、感動という行為を「まったくもって大雑把で貧乏臭くさせてしまう」危険な**使用禁止候補用語**です。精神が怠惰になる「やっつけ仕事的言葉」です。締め切りに追われて時間のない雑誌記者などが使い、「感動の涙」と「もらい泣き」の区別に興味がない人たちが飛びつきます。

「政治とカネ」は、そのものは幼児語ではありませんが、「政治は清貧でなければならない」という、政治を語ることと道徳を語ることと一緒と考えるような間違ったところから出発すると、**実質的に幼児語と同じ働き**をしてしまいます。政治とカネの関係において、本当に考えなければならないポイントは何なのかを一切考えなくさせる機能を果たす可能性があり、結果的に集団的な催眠効果が起こり「カネがからむのってありえなくねぇ？」などという、思考停止状況に拍車をかけます。

一体何を言っているのでしょう？　私は。これから大量の言葉を使って、ここで切った啖呵を説明するための紙上のおしゃべりをしますので、どうにもこれまでの話が腑に落ちないようでしたら、どうか我慢してこのあともページをめくってください。たくさんの言葉を使ってするおしゃべりがどうにも好きになれず、というかむしろ積極的に嫌いで、そういうことをしている連中と自分は横断歩道ですれ違うだけでも不愉快で、どう考えても「言葉はウザい」というところから出る気持ちもなければ興味もない人たちは、読んでいただかなくてもけっこうです。本屋さんを出て、携帯をいじくりまわして青春と人生を浪費してください。

これまで一般書を書くライターの多くは、「すべての人に読んでもらいたいです」という基本姿勢で本を書いてきたと思います。**私は違います**。

この本は、主に次のような人々に向けて書かれています。

・世界と自分はこのままでいいとは思っていない。
・でも自分は無力で、自分には何ができて、何ができないのかも曖昧な気がする。
・それでも自分の外側の世界に小指の先くらいでも興味と愛情を持っている。
・そうした自分と世界との折り合いのつかない切なさをやや持て余している。
・でもやはり自分は言葉を手放すことなくそこで悩む以外にないのだというところに、ちょっとした勇気でとどまっている。

ちなみに、蛇足ですが、良い学校を出ているか出ていないかは関係ありません。でも、自分の意志で学校に行った人は「言葉には興味がない」などと絶対に言ってはいけないという「世界共通のお約束」がありますから、そういう人にはぜひ読んでいただきたいと思います。何と言っても、この世を中核で支えている人たちですから。

◉――ニッポン人三種の宿題

この本は、大きく分けて三つの部分から成り立っています。第一部では、最近の私たちの社会で起こっているかなり**「ヤバい」状況**について説明がされています。一応最初なので言っておきますが、私が使う「ヤバい」は、「まずい」、「危険な」、「よろしくない」、「残念な」という意味です。昨今、「ヤバい」は若い人たちの間ではまったく逆の意味で使われる場合が多く、よく聞かないとひどい誤解が生じてしまいかねません（「今日の授業ヤバかったっすよ」と言われて、心配になったことがありました）。つまり、ここで言いたいのは、昨今の言葉をめぐる私たちの社会の状況は、かなり残念で危険なことになっているということです。それは**「言葉が圧倒的に足りなくなっている」**という状況です。言葉が「足りない」程度ではありません。まったくもって足りなくなっています。言わない、言えない、どうして言わなきゃならないのかわからないなど、言葉が足りない内情にはいろいろなものがありますが、そうした状況がどういう意味で「まずい」のかについて私の考えが示してあります。ただ、この第一部の「言えない」話は、「言葉を紡ぎだす力が衰弱している」という点と「言葉が隅に追いやられつつある事情」に重きを置いた事例です。だから「言わない」という主体的態度というよりも、「言えない」(cannot speak)というニュアンスの濃いお話です。まとめて言えば、ここに出てくる話は、私が最近の傾向として痛切に感じている「いまどきの言葉の足りなさの事情」です。

第二部は、ややニュアンスが異なります。言葉は知っているけど「何かの事情で」、「言えない」、「言いたくない」、「言わずに置いておきたい」、つまり「言葉を飲み込んでしまう」、私たちの社会や世間というものが以前からずっと引きずっている話です。「やっぱり言えないよ」という、比較的昔からある話です。つまり昨今の「言葉が足りない」状況全般の原因の中でも、**ニッポン人の宿題**のような話です。この部分には、**街で働くOLのみなさん**の事例がたくさん出てきますので、とくにOLのみなさんに読んでいただきたいです。理由は、もはやこんなことになってしまっているニッポン社会で**OLのみなさんだけは希望の星**だからです。一冊でも本をたくさん売って借金の返済に充てようなどと思って、媚びて言っているのではありません。この職業を続けてきて、おびただしいほどの数の学生とつき合ってきて、たくさんのOLのみなさんのお話を聞いて、草食系男子やユニクロのビジネスバッグ持って、ジョージア片手にうつむいている若い男子サラリーマンと語り合って、民間企業で働く御同輩・友人と大爆笑しながら話をして、そうした経験から得た直感から、とにかく**「そうとしか思えない」**からです。この断言には証拠を挙げる責任はないと勝手に言っておきます。直感は人を励ますときだけオールマイティです。

第三部では、ヤバい話ばかりでは辛くて生きていけないので、言葉を使うとどれだけ素晴らしいことが起こるか、言葉を使わないとどれだけ宝の持ち腐れになるかを、これまで言葉と結びつかなかった、あるいはやや一方的に理解されていた「言葉のもたらすもの」について書かれています。「感性に言葉をあてる」という根拠のない順番にこだわりすぎると、世界も人生も開かれないという話です。言葉とのつき合い方を少し逆に考えて、**ちゃんとした言葉を使うと「いろいろなことの水準が上がる」**という話を、サッカーや写真など、私たちにとってなじみ深い例を使って説明しています。そしてそれが私たちの社会の基本の問題である政治と深くかかわっていることを説明します。「目からうろこの第三部」と勝手に自画自賛してしまいましょう。

まあ、ここまで読んで、すでに「マジウゼぇ」と思ったみなさん。**この本を読んでも読まなくても、もうしばらくは退屈な人生が続きますから、**「ウゼぇ」で終わらせないで、とりあえず読んでみてくだされば有り難いです。「ヤベぇじゃん、この本」と言われるように、朝五時に起きて一生懸命書きましたから。

I

言葉が足りない

1 すべては256文字以内で

学校に行く理由

家から一歩出ると、もう携帯画面を眺めて無防備な格好をした人だらけなのが、今日の街のあり様です。歩いているときにも、電車を待っている間も、公園で一休みしているときも、おそらくどんなときにも、携帯電話を手放すことなく毎日を過ごす人がたくさんいます。携帯電話がないと生きていけないような病的な依存症のような人がいるそうですが、それは別としても、いったい私たちはどうしてこんなに、そんなに、そしてあれほど携帯電話に引きずられて生活しなければならないのでしょう。どうして、メールが来たのに返事もしないで放っておくだけで、あんなに簡単に「切られたっぽい」などと意味不明の言葉で勝手に判断されてしまうのでしょう。電話に出られないだけで、どうしてあんなに卑屈に謝るのでしょう。

あんまり携帯電話の悪口を言うと「先生って、マジ変じゃねぇ?」と学生に言われそうなので、そのあたりについてはこれ以上物言わぬほうがいいようですね[*1]。そこで、少し話をずらしますと、もう一つ、このことに関連しておかしなことが起こっています。それは「他人や友人に送る**メッセージに使う言葉の数が激減している**」ことです。もしこれが誤解ならよいのですが、わかりやすい例を紹介しましょう。

私は大学の教員ですから、学生たちとのコミュニケーションにたくさんの言葉を使わなければいけません。理由は簡単です。そこが**「学校」だから**です。学校とは、普段はさほど必要ない言葉を大量に使用し研究するところです。ポイントは「わざわざ高いお金を払って」、あまり使わない言葉を覚えにいくところという部分です。それと、世間では完全に誤解されていますが、大学における講義や試験とは、ようするに**教員と学生のコミュニケーション**です。こちらは講義を通じてメッセージを送ります。それを受けた学生は、試験の答案にカウンター・コメントを返します。それに何らかの基準で見たときの評価がなされて教員は学生にメッセージを返します。基本的にはそういう関係があって、大学というところは成立しています。この際に、とてつもなく大量の言葉が必要となります。しつこいようですが理由は簡単です。私と学生が集う場は**「学校」だからです**。

学校というところは、これまでにする必要のなかったいろいろなことを昨今勝手に要求されて、お手上げ状態になっているのですが、じつは余計なものをそぎ落とすと、仕事としては重要

＊1――それにしても、東日本の若者が話す「〜じゃねぇ?」というしゃべりのイントネーションはどう考えても茨城県か栃木県のものですが、いつから若者が茨城弁になったのか私は昔からずっと考えてきました。ぜひ言語学者の方は解明してください。関西ではどうなのでしょうか。

な性格づけは一つだけです。ようするに学校というところは**「言葉を使えるようになるための知識ときっかけを探しに行くところ」**です。市井《しせい》で額に汗して働いている、世の中を支えている人々になり代わって、そうやって働いている人々がなかなか出来ないことをできるようになって、最終的にはその人たちの幸せに貢献するために、言葉をうんと覚えて、言葉を自由に扱って、言葉で世界を把握して、言葉を扱うことができる人々の特権的立場から得られた利益を、言葉をたくさん使えないけれども間違いなくこの世の中を支えている人々にお返しするための力をつける場所です。だから、言葉に興味がなく、言葉を使うのが苦手で、言葉を紡ぐことが本当に億劫で、言葉を使わなくても生きていける自信と技量と才覚のある人々にとって、学校というところは無意味なところです。[*2] どうしても嫌な人は「それじゃもう一八歳なんだから働いてください」ということです。

私たち大学教員は、学校が存在するためのこうした前提をおおよそすべての人々が分かち持っているとこれまでは思ってきました。デモやバリケード作りに忙しく、マルクスのマの字も読んだこともないくせに「帝国主義的大学理事会の暴挙に対し、革命的痛恨の一撃を!」などという立て看板を作っていたような四〇年くらい前の学生ですら、大学というところを「言葉を研ぎ澄ます場所」ととらえる点では、疑問も議論の余地もないものと考えていたでしょう。だから専門書などは読まなくても、バリケードの中で自意識がこむら返りを起こしているようなヘタクソな詩なんかを書いて、リビドーを紛らわしていたのです。つまり、学生である以上「すべては言葉のために」ということです。どうしたらこの世の矛盾を説明でき、どうしたらこの世界の不正を暴くことができ、そしてどうしたらこの社会の改革を可能とするような運動を作り出せるか。そのためには「もっと言葉を！」です。理由は「そこが大学だから」です。マスプロ教育と揶揄されてもです。

◉――謎の学生メール

そうした大前提は、私の印象でいうと、「天安門事件」、「バブル経済」くらいまでは、よたよたしつつも、何とか大学生の相当数の人々に共有されていたような気がします。しかし、今日驚くべきことにこうした基本的な前提を最初から持たずに学校にやってくる人々が恐るべきスピードで増加中です。学生とのコミュニケーションは、優先順位からすれば「対面会話」が一番ですが、たくさんの学生と同時にはやりとりできないので当然メールでのメッセージのやりとりをせざるを得なくなります。そんな昨今、「うーん」と考え込まざるを得ないメールが、かなりの頻度で届くようになりました。実例を紹介しましょう。ここではあえてメールの送り主を仮名「佐藤翼」君としておきましょう（まあ、「翼」君という名前の多いこと）。本当は、そういう大切な要件を携帯メールで打つという基本態度も到底容認できないと言いたいのですが、そんなことを

＊2――言葉を使うことを完全に拒否することがそもそも不可能であるから、近代社会には、そもそも学校に「行かなければならない」という強制があるという問題については別の議論が必要です。

言い出したらもう収拾がつかないので先に進みます。とにかく携帯から発信されたメールが以下のように届くわけです。

発信者：majiboke@Bakada.ne.jp
タイトル：（なし）※ほとんどのメールに「タイトル」がありません。
本文：**こないだの授業のとき、先生がルソーの一般意思が一つになって、それに自分の利益っていうか、それを渡しちゃうのが昔からわかんないって言ってたんですけど、そのあたり微妙かなって思ったんで、おススメの本とか、あったら教えてください。よろしくお願いします。**

この翼君が一体何を相談したいのかを解読することは、この本をお読みになっているみなさんにはおそらく不可能でしょう。受け取った私も、それなりの時間がかかりましたから当然です。じつは、この学生の相談したいことを翻訳すると、おそらくこうなります。

先週の講義の際、社会契約論の話が出てきましたが、疑問に思ったことがありますので質問をさせてください。それは一般意思へ個別意思を譲渡するという、ルソーが示した論理構成についてです。先生は、あの論理に関して「個別意思を全体に全面的に譲渡することで人間は真の自由

を得るのだという論理は甚だわかりづらく、講義している私も必ずしも納得しているわけではない」とおっしゃっていましたが、あの論理がどういう意味でジャンプ・アップしているのか、あれから自分でも考えましたが、いま一つよくわかりませんでした。ルソーに関しては岩波版の『社会契約論』は持っていますが、一般意思についての解説書のような類のものがあれば、教えていただけないでしょうか。

誤解せぬようにつけ加えておきますが、この翼君は「ルソーの一般意思問題」について、「授業のあとに質問」などしてくる意欲ある学生の一人なのです。しかも、大学生も一年生ぐらいだと（別名「中学七年生」とも言いますが）、質問とは「答えを教えてもらうための陳情」と思っている人が八〇％くらいですから、「あの説明がわかりにくかった」というメッセージは、さほどレベルの低いものではなく、とどのつまりは、彼は残念な学生ではないのです。

先ほども言いましたように、大学というところは言葉をひたすら使いまくるために、そのためだけにと言っていいほど、たくさんの言葉を使えば使うほど評価の高まる酔狂な世界ですから、こうしたメールに対しては、次のような返事を出します。

発信者：Kenji Okada
タイトル：質問に対して（授業担当者：岡田より）

本文：**佐藤君。最初は貴君のメールの意味がいま一つわかりづらく、何度も読み返しました。ようするに、ルソーの一般意思問題についてのやさしい解説書があったら教えてくれということですね。それについては、○○著『社会契約論の再検討』（絶望社、一九九八年）という本がありますので、参考にしてください。**

貴君のメールを読んで思ったのですが、私が言いたいことはただ一つです。もっとたくさんの言葉を使って説明してください。あれでは、貴君が何を考えているのかが、正確にわかりません。

同じようなことは、少人数の学生を相手に展開している、我が大学政治学科の導入教育科目「基礎文献講読」（入門ゼミ）においても、必ず起こります。

学生A「……っていうか、結局、何ていうか、著者の言ってることって、しょせん理想論みたいな、きれいごとっていうか、普通聞いたら微妙じゃないですか？」

私「は？」

学生B「それ、マジでイケてないですよね、ぶっちゃけ」

◉——言葉をたくさん使わないとサルになる

私はこのやりとりから「昨今の学生のレベルがますます素朴となった」ということ「だけ」を

言いたいのではありません。[*3] 問題はこのあとです。あまりの言葉の「少なさ」に途方に暮れる私は、やはり言わざるを得ません。

「**そんな少ない言葉では、どんなことを考えているのかが伝わらないし、誤解も生ずるから、もっとたくさんの言葉を使って、知る限りの言葉を動員して説明してくれないだろうか**」と。

知的に未熟であるなら、たくさんの言葉を動員することには限界もありますし、ボキャブラリーの少なさをカバーすると言っても、それは簡単なことではありませんから、こういう学生への「追いかけ方」にも限界があることはわかっているのです。二〇数年前、私は自分自身が大学の教室で先輩や教授に怪訝な顔をされたときには、焦りに焦りつつも、ありったけの言葉で何とか自分が何を考えているのかを伝えようと必死にしゃべりました（ほとんどの場合は、自爆しましたけれど）。いや違うんです。先生。そうじゃなくて、こうなんです。わかっていただけますか。ダメだ、伝わってない。いいですか、だから……。うわぁ、頭ん中が真っ白になってきた。いや、ちょっと、そのですね……。

しかし、昨今の学校で起こっていることは、「**もっとたくさんの言葉を使ってくれ**」という懇願に対して、「**どうしてこのおっさんはこんなことを言うのか**」という不思議で仕方がないとい

＊3――七年前に書いた本で、私は「学生がそんなに急にアホになったはずがない」と自分に言い聞かせるように書きました。現在、「あれは甘い認識だったかもしれない」と思っています。ただ他方で、大学全入時代ですから、統計学的に無理もないという乾いた認識も維持しています。問題なのは学生一般ではなく、どういう学生階層構造が一般化しているかという、とりわけ中間層の「配列」の問題です。

う態度が「集団的に」存在しているという、毛穴という毛穴から汗が噴き出してきそうな出来事なのです。「言葉をたくさん使う」ということがどういうことなのか、それは「言葉をたくさん使わない」ということと何が違うのか、「言葉をたくさん使ったあとのむなしさ」と「言葉が出てこないことのもどかしさ」とがどうして共存するのか、「言葉に重みがないよと言われる驚愕」と「言葉を信頼しすぎて傷つく」ことの間に横たわる絶望とは何か……。こうした問題について、こちらがしゃべり、「どうしてそんなに少ない言葉でお互いの意思を確認しあえるのか」と挑発しても、「え?」という顔をしているのです。そして、相変わらず、メールも発言も、推定２５６文字（おそらく無料メールとなる範囲内字数）程度で曖昧なものです。一つの先行するセンテンスで言ったことと、「っていうかぁ」でつながれた後続のセンテンスが一切の論理的親和性も、合理的接続もなく、パッチワークのように書かれているだけです。茫然とします。[*4] 私は、幸か不幸か、大学入学したての一年生のための必修科目を担当していますが、こうした異変に気がついたときから、四月の第一回目の講義の冒頭で必ず挑発を行います。最近は、伝わっても伝わらなくても、もう言わずにいられないという気持ちで言ってしまいます。頼む！　俺のことが嫌いでもいいから、「これは何のことだろう」ぐらい気にしてくれ。プリーズ！

「みなさん！　他者にメッセージを送る際に２５６文字以内ですませるということ『だけ』をやり続けている人は、全員サル以下のアホになります。覚えておくように」

◉——魚屋のおばちゃんの使う言葉

これもまた誤解されやすいので確認しておくと、たくさんの言葉で説明してくれというのは、「難しい」「高尚な」「高度な」言語表現をしろと言っているのではないということです。商店街の魚屋のおばちゃんに、「企業の短期景気見通しによれば悪化の兆候が見られるので、バランスシートに不安を感じるよ」と言ってほしくないわけです。「どうにも景気が悪くて参るわねえ」で通常は終わりです。でも、「最近はさあ、ただでさえ子供に魚を食べさせない親が多いだろ。骨があって食べにくいとか、まあ、そもそも親の代からして、もうスーパーでお総菜を買ってきて、レンジでチンしてすませるんだから、季節の魚とか旬のものとか、そういうのわかんなくなってきちゃってんだもん。そこへきて、ほら、バス通りのちょっと向こうにでっかいスーパーができたからさ、そうそう、駐車場が地下にあるとこよ。ここらで、昔から買ってくれた年寄りが死んじゃったら、もうこの商売も終わりかもしれないし、娘も勤め出てるでしょ。先生んとこだって、子供を将来魚屋にしようなんて言わないもんね。でしょ?……(くどくどくどくど……)」というふうにたくさんの言葉で、「景気が悪いもんねえ」ということを伝えられると、ただ景気が悪いということじゃなくて、最近の家族の食生活習慣や、大型店舗出店の恐怖感や、昔

＊4——本書ではくわしく触れませんが、いまやソシアル・ミドル・メディアとして広がったツイッターの「140文字以内」という縛りも、私たちの言葉とコミュニケーションに何らかの影響を与えているはずです。多くの政治家が、これを有権者との有益なコミュニケーション手段だとして利用していますが、このツールの功罪両面に関して少し慎重になってもよいと考えます。有益な面もありますが、言葉の「量」という意味で限界を持つのですから、あまり過信するべきではありません。

からの知り合いが高齢化する寂しさ、そういったことがたくさん見え隠れしてくるものです。たくさんの言葉を使うということは、難しい言葉で話すということとはイコールではありません。おしゃべりなおばさんには、ときどき辟易することもありますけれど、**「っていうか、微妙じゃねぇ?」みたいな「幼児の発する記号の域を出ていないような言葉」**ばかりを聞かされると思うわけです。「お前、俺と本当に話したいのかよ」と。

告《こく》った(「告白する」の若者語)女の子にたった一言「超キモッ」(「ひどく気持ちが悪い」という意味)って言われて、その後放置されたら「人間の全存在が否定されたような気持ち」になるんじゃないのか。[*5]「ビミョー」って、それだけしか言わないから、その表現自体が「微妙なもの」など一切細かく表現できない大雑把な表現」になってるぞ。それじゃ「ビミョー」という言葉がまったくもって可哀そうで、まるで物干し竿として使われている「ぶら下がり健康器」みたいに不憫じゃないか。えっ、知らない? ぶら下がり健康器って。えっ、フビンて何っすか? 日本語だよ、普通の。

*5——もちろん女の子は好きでもない男の子から告白されたときには「顔が嫌い」とか、まったく身も蓋もない言い方で拒絶するのが一番愛情ある対応です。

2 会社を辞めるヤバい理由

◉――それが理由かよ

この一〇年くらいの間にはっきりしてきた、いま一つの傾向があります。これも言葉が足りないという問題状況を浮き彫りにさせるような、ちゃんと考えなければならないという気持ちにさせられる現実の一つです。それは、会社や学校を**ほとんど説明することなく簡単に辞めてしまう人**が増加していることです。学校や仕事を辞めるのは、別にいまに始まったことではありませんが、問題はその理由です。そして辞めるときの口上です。大人がチームで働いている、つまり現代社会のほとんどの職業は協働の仕事なのですから、「わけのわからない振る舞いのあと突然消える」ような辞め方は許されません。何よりも「そうする前に言葉を尽くして何とかする」プロセスがあってもよいはずです。辞める者に何も言う気は起りませんが、それでも恐るべき事態に茫然とします。辞めてもいいけどさ、何か言って辞めろよなというところでしょうか。お世話になりましたとかさ。

数年前に、二人の女子学生が私のゼミナールを辞めたいと申し入れてきました。ゼミナールは別に人生を大きく左右するようなものではありませんし、学ぶ意思を失ったものを力づくで改心させることはできませんから、私の場合は「ああそうかい。突然勉強に目覚めたら、またおいで。門は開けておくから」くらいの気持ちです。

そもそも二〇代の青春というものは、ある日突然大学に行くことをやめて、駅を降りたら別の方角へ歩いて、「文芸地下」とかいう名前の映画館で、『仁義なき戦い』を全五シリーズ立て続けに見て、夕方映画館を出たときには、「夕日がまぶしいのお」と菅原文太になりきってしまったり、懐が寂しければ母親やガールフレンドに嘘をついてお金をせびり、それをすべてマージャンに投資して、すっからかんのオケラになったり、かといえばいきなり「おれは役者になる。優作みたいな役者に」と意味不明なことを言いながら突然蒸発して、数カ月後にカルト教団のチラシを新宿の南口で配っているところを友人に発見されて、首根っこつかまれて引きずり戻されるような、間抜けなことをたくさんしたりしながら、結局は四年生のときに「怒涛の五〇単位」を奪取して、「奇跡の卒業」と語り草になったりするものです。

「俺は優作みたいなデカい役者になる」みたいな、そういう馬鹿な理由で学校や仕事を辞めてしまうことは、私は極めて健全な青春だと思います。私の友人の中で一番馬鹿な仕事の辞め方をしたのは、「トカトントンの音が聞こえてきたので旅に出ます」という書置きを残していなくなった人です（彼が辞めた仕事は居酒屋の経営で、店の名前が『トカトントン』でした。言うまでもなく太宰治の小説に出てくる名前です）。本当に馬鹿で、気が遠くなるほどマヌケです。しかし、何か「そういうことだってあるんだよ」という気持ちになります。なにしろ「青い」春なのですから。

とにかく気持ちが悪いのは、ゼミを辞めたいと言った女学生の述べた理由です。ゼミを辞めたいというなら、もしかすると自分の指導が間違っていたのではないか、あるいは知らず知らずのうちに、この学生が学問をしづらい環境を作ってしまっていたのではないか、あるいは深刻な病気になったことを隠しているのではないかなどと、いろいろ考えてしまいます。しかし、彼女が理由として**「嫌いな人がいるから」**と何のためらいもなく言ったときには最初は冗談かと思いました。「嫌いな人がい・る・って」それがゼミを辞める理由になるのか。君は会社に入って「この仕事に意味を見いだせなくて」ではなく、「『エコを常に考えながら歩む会社』といいながら大量の界面活性剤を使用した商品を『植物の妖精』とかいう嘘丸出しの商標で売り出している偽善に我慢ができなくなって」でもなく、「やっぱり営業やってると法律に疎いことがどうしても自分の仕事の幅を狭くしているという気持ちに歯止めがかからず、ロースクールに行こうと思うので」などという理由ではなく、「キ・ラ・イ・ナ・ヒ・ト・ガ・イ・ル・カ・ラ」辞めるのか。すまん、もっとたくさん説明してくれ。謎かけみたいのはやめてくれ。

教員ではなく、企業で働く友人にこの話をすると「そりゃその女子学生がず抜けてチャイルディッシュだったんじゃないのか」と言いつつも、同時に会社で人事をやっている彼は深いため息をつきながら、杯が進むうちに次第にブルーになって、「本当は俺だって信じたくないんだけど」と断りつつ、同世代の友人から聞いた、いま会社という現場で起こっている**「会社を辞める信じられない理由シリーズ」**を話してくれました。

「営業先の町工場の社長が『にいちゃん』と自分のことを呼んだのでムカついて抗議したら上司に叱られたので『パワハラ』を受けたと言って辞めた」ケーオーの経済学部卒の二三歳。そのときの抗議の口上が「うっせんだよ、このおやじがよぉ」**だけ**だったということ。「自分はお酒を飲まないし、お酒を飲む人も嫌いなのに、どうして焼酎を売らなければならないのかがわからないという理由で出社しない」二四歳の男子。会社に出てこない理由をメールにしてくれと言ったら「自分、なんか酒の販売ってありえないです」と**だけ**書いてきたということ。「町会のお祭りではっぴを着てビールを売る大手酒造メーカーの営業マンが『町会の青年部の副部長に嫌な奴がいる』ことを理由に担当代えを要求してきたので『足腰とハートを鍛えるチャンスだから、そいつに気に入られろ』と励ましたら三日後に退社」した話。辞めた理由は「もう言ったじゃないですか」と、それ以後まともな言葉のやりとりはないということ。「一週間も無断欠勤しているので心配して自宅に行ってみたら、同僚と諍いがあり、顔をあわせるのが面倒くさくて、かといって喧嘩もできず、仕方なく自宅でゲームばかりしていた」という偏差値七〇の国立大学出身の二五歳。「俺にはいいから、部長のところに事情説明しに行ってこい」と言ったら、**「何て言えばいいんですか？」**と返されたということ。どれもこれも大人の話とは思えない衝撃の出来事です。

こうしたエピソードに共通するのは、そもそも完全な相互理解が不可能である人間同士が、少しでも相手を理解する基盤を作るために絶対に必要なものを持っていないことです。つまり「わかり合うためには必ずいくらかの痛みが伴う」という覚悟のことです。それを引き受ける勇気も気概も、忍耐力も、希薄になってしまっています。他者との関係をどう構築するか、仲は悪くても、本音ではイライラとして気に入らなくても、本当は顔を見るのも嫌でも、自分のセンスとは異なる奴であっても、それでもなんでも、何とか関係を作り（永続しなくても）、少なくとも自分の人生や生活のたたずまいを必死で守ろうという、「コストはかかるが、絶対にやらなければならない社会関係の整備」をする力、とりわけ言葉の力がひどく弱まっています。

◉――変だと思わない人たち

嫌いな人がいてゼミナールに来るのが鬱陶しくても、自分はここで勉強をして、高い授業料に見合った教育サービスの提供を受ける権利があり、それを妨害するなら、あるいはそれに対する障壁と障害が人間関係から発しているならば、理不尽なことには抗議をし、限度を超えた非常識な言動や振る舞いがあればそれを指摘し、それが受け入れられないなら、問題を公共的なレベルに移し変えて、そうして自分の生活を守るということをするのが、まっとうな大人というものです。

もちろん、こうしたことには個人差というものがあります。大人だって、そんな難しいこと、面倒なことをいちいちやってはいられません。だから、誰もがみんなそういうことはできないのは当たり前です。しかし、自分ではできなくても、それを代弁してくれるような、リーダーシップを発揮する人たちが複数存在するのが健全な社会というものです（くわしくは、第二部でお話します）。

ところがこういう話をすると、今日の学生たちは「ま、いいんじゃないっすか。人は人だし」と、このことを個人の問題の枠を超えて考えるという習慣も直感も希薄です。これは「私たちの問題」なのではなくて、「ちょっとイジョウな奴の話」であるというところから少しも出てこないのです。学校や会社を辞める理由が「嫌いな人がいるから」という事態、そうした理由をきちんと説明できない、そのための言葉が圧倒的に足りないという事態は、私の目から見ればまことにもって背筋が凍りつくような事態です。でも、これを異常事態だと思わない人々が層を成して存在しています。「一身上の都合により」だって、それなりの口上というものです。会社を辞めるのに、その理由が「何かぁ、このままだらだら会社にいるのも微妙っていうかぁ」かよ。どうしてこんなことが「アリ」になってしまったのでしょうか。私は尋ねたい。「そういうのってナシじゃやねぇ？」と。

3

「下げる」言葉はナシじゃねぇ？

◉——傷ついても傷つけてもいけない

ウェブサイトの中に、ソシアル・ネットワーキングと言われるものがあります。有名なところではミクシィ（mixi）と言われるものがあって、ネット上で約一五〇〇万以上のユーザーを登録して、各々が友人たちを「マイミク」という仲間として集団を形成し、その関係の中で日記やコメントを書いてコミュニケーションを持つというものです。ある友人が日記（めいたもの。これは読まれることが前提であるので極私的な意味での日記とは異なる）を書けば、「マイミク関係」をとり結んでいる友人から、ときにはコメントが来るというシステムで、私自身もたまにそうしたやりとりをエンジョイすることがあります。

しかし、ここでも違和感を持つことが多く起こります。学生たちも、ご多分に洩れず、このシステムに参加していることが多く、匿名で参加している私を探し当てて、「先生、マイミクになってください」とリクエストしてくるのです。身分が明かされた以上、もうこれは「完全公開」という前提で、日記やコメントを書かなければなりませんし、そもそも決して学生に知られることなく、一部の他業種の大人の友人たちとのやりとりだけを淫靡に喜ぶなどということは最初から期待していないので、とくに問題がないと判断した場合は、紳士的な振る舞いを忘れずに「マイミク」になったりもします。

ある学生が日記のようなものを書きます。たとえばこんなふうにです。

★★

今日、なんか疲れ気味。ミーコとかも誘って映画見たけど、超サイテー。

引っ越ししようかな。最近、なんかあれこれうまくいってないよーな。

◎◎

やっぱ、地元の友だちサイコー！あのあと、サイゼリアで11時まで。

ありえないよ。そこまで来てくれて、人生ソーダン気味の夜。

（中略）

明日は基礎演の発表あんのに、テキスト買ってないし。誰かヘルプ・ミー？

★

来週、ミニテスト終わったら、ガン寝して、バイトも超やります、はい。

二〇歳の青春というものが、基本的には「ド暇な若者の無意味な戯れ」の域を出ない、くだらないものであること、そしてどれだけくだらないことをどれだけくだらなくやり続け、どれだけ贅沢な馬鹿馬鹿しさを、親から金をもらって出来るかという意味で、青春は素晴らしく、アホらしく、そして大切なことなのだという常識からすれば、こうした日記はまことに健全であると思います。使っている言葉は、どうにも私の基準では二〇歳とは思えず、またそれを言い出すとポイントがややずれるので、あえて「小学生かよ。お前ら」とか言いませんが、どうにも考え込んでしまうのは、この日記にではなく、それに対して、**あっという間につく「レス」**のほうなのです。本当に「あっ」という間なのです。私は、パソコンのアドレスを登録しているので、通常はインターネットを立ち上げたときに、友人の日記やレスを見るのですが、学生諸君は携帯電話のアドレスを登録する場合がほとんどなので、ビビッとメールが来たら、電車の中で即レスするらしいのです。たとえばこんなレスです。

レス1
発信者：ぼくchan
コメント：がんばってんじゃぁん。それにしてもミーコ生きてんの？

レス2
発信者：アップルっ子
コメント：バイトも勉強も頑張ってんなぁー。応援しますぜぃ。ちなみに、明日のゼミ発表、かなりヤバいです。

レス3
発信者：チードル
コメント：おつかれーっす！ヨーコ、お前人生熱すぎ！すごいじゃーん。

レス4
発信者：武士5
コメント：テキストなかったら貸すよー。でもファックスないし。困ったらいつでも言って。自分、これからウィイレ、マンチェで再挑戦っす。

レス5
発信者：れんたカー男
コメント：なんか、ここんとこみんな輝きまくり？超バリ元気みたいなんで、逆にオレだけブルー？試験終わったら、バイトなんて偉すぎ？頑張れヨーコ！

書いていて、だんだん気持ちが悪くなってきました。気持ちが悪いのは、この若者たちが幼児のような言葉を使うからだけでも、レポート出さない言い訳に**「俺だって忙しいんすよぉとか言いながら、ウィニング・イレブンはやってるのか！」**と怒り、それで気持ち悪くなるだけでもありません。何が気持ち悪いかと言えば、なぜこんなに早く、そして優しく、励まし、褒め、スルーしないでコメントを受けとめることを、脅迫的なまでに毎日やり続けられるのかという、「何なんだ、お前ら」という気持ちの悪さです。こうしたやりとりを数日やって、あまりの気持ち悪さに耐えられず、日記閲覧モードを解除しました。

このやりとりから感じられるのは、何やらとても「弱い」、何かに「怯えている」ような、どうにも「苦しげ」な若者のタタズマイです。何かに追いかけられているような、これをやらないと何かを失ってしまうかもしれないとびくびくしているようなイメージすら、私には感じられるのです。これはどうやら「コメントを書いて、スルーされることの恐怖」に怯える、携帯電話が肉体の一部となっているとしか思えない人たちの、「止まると倒れる自転車人生」のような、必死の作業のように思えるのです。大した量の言葉を動員しているわけでもないのに、言霊《ことだま》が成仏できずに虚空を彷徨《さまよ》うことに耐えられないという、あまりに脆弱な息づかいです。

このことがまずは人としてどうにも気持ちが悪く、他方人類学的なというか、心理学的にというか、もちろん政治学的な興味もあり、数人の学生に、「あれはいったい何なのか？」と尋ねてみました。

私「何でお前らは、日記にあんなにやさしいコメントを、しかも即レスでつけるんだ。あれじゃ、年がら年中レスつける準備してなくちゃいけないし、それぞれに全部レスつけてたら、そりゃもう大変な労働になるだろう?」

学生A「いや、即レスはあたりまえでしょ? だって、しねぇなら秒殺もんですよ。普通は」

私「秒殺? 何で携帯メールに返事をすぐ書かないぐらいでそんなことになるんだ。こちとら、携帯メールもらって、三日気がつかなくて、だから『亀レス御免』なんていう辞書登録までしてあるんだぜ」

学生B「まじで? ありえないっすよ。おれらレスなしで放置されたら、『げっ、切られたっぽい』って思いますもん」

私「携帯のメールの返事をしないぐらいで関係『切られた』って思うのか?!」

学生A「俺ら、小学校*6のときから、ハブられるのはまじでナシみたいのあって、ハブられたら地獄ですよ」

私「えぇっ? それじゃ、ハブられるのが嫌で即レスしてるってことか?」

学生B「そのへんビミョーですけど、みんなそうじゃないですか」

私「じゃ、あんなにほめて、励まして、肯定してやって、やさしい言葉でレスしてあげるのも、それが理由かよ。それじゃ営業モードじゃないか」

学生A「とりあえず、けなしたり、ムカつくこと書くと、ウザがられるじゃないですか」

私「けなすとか、ムカつかせるとかっていうことの中間て言うかさ、『いや、お前それ違うんじゃねぇ』とか、『お前、アホかよ!』とか、そういう、普通の友人同士のやりとりってあるんじゃないのか。友だちだからってほめ続ける、励まし続けるって、お前ら気持ち悪くないのかよ」
学生A「うーん、たしかにたまに、ぎゃくにウザいっていうか」
学生B「いや、俺はとくに(感じないっすけど)」

このあと、別の機会に学生C君とじっくり話したところ、どうやら学生諸君は、携帯電話を忘れたり失くしたりするとパニックに陥るらしいのです。昔は、二〇歳前後の若者がうなだれているときの理由は、「金がない」か「女にふられた」の二つでほぼ九八%を占めていたのですが、昨今は「携帯をトイレに落とした」と「金がなくなって、携帯料金落ちなかった」と「メールの返事がない」という携帯の悩みがダントツで金銀銅メダルです。そして、携帯を自宅に忘れてきたことに気づくと、もう引き返して、そのまま学校に行かないことが多いそうです。三五歳を超えるまで携帯電話など持ったことがなかったため、起こっている気持ちの悪い事態を理解不能な

＊6――「ハブられる」とは、「仲間はずれのいじめに合う」という意味です。どうやら「村八分にされる」が、「ムラハチブ」となって、「ハチブ」が「ハブる」になったという説と、「省く」が受身形になって「省かれる」となり、それが「ハブる」になったという説と両方あります。

私に、その学生は「携帯がないと繋がれないから不安になって、メールもらったら返さないと切られるんじゃないかと不安になって、ちょー好き勝手なことメールに書くと引かれるかもしれないと不安になるので、シンプルに肯定的なことだけを書くことになって、毎日それの繰り返しなんだ」と説明してくれました。お前ら、心に筋肉全然ないのかよ。

◉──寂しいくせに言葉が足りない

携帯ネットワークに参加している理由は、言うまでもなく「繋がりたいから」です。女性に何回も振られて、女性も男性もまったくもって理不尽なやり方で切りつけ、切りつけられて、何度も自己嫌悪に至り、頭を抱えながらこれまで生きてきた私のような、ひたすらマヌケな二〇世紀の人間からすれば、即レスしないと切られるからとか、批判じみたことを書くと「引かれる」からなどという理由で、お茶を濁すような言葉のやりとりをやっていることなど、到底「繋がっている」などとは思えないわけです。松田優作の「なんじゃこりゃぁ!?」です。

友人にものを言う。思いあまって「ビシッと言ってやろう」が、予想通りかつ予想を裏切り「なんとも酷いことを言ってしまった」ことになり、翌日学校で会っても、奴は目を背《そむ》ける。いや、おい、その、あれは、俺の本意じゃなくて、言いたかったのはつまり。うるせえよ、お前が俺の何知ってんだよ。んなこと言うな、だから、あれは。お前はいつだってそうだよ、そうやって俺を見てたんだ。違うってば、おい、行くな。あああぁ。参ったなぁ、こりゃだめだ、どうするべぇか。しばらくほっときなさいよ、たまにああなるんだからあの人。あの人って、ずいぶん親しげに呼ぶじゃん。何よそれ？　いつからよ？　まともかく、真知子よぉ、代わりにあいつに……。自分で言えばぁ。そりゃそうかあ……。ああ、「ああいうときは、あんなことをあんなふうに言っちゃだめなんだよなあ……」となり、品川で横須賀線を待っていても、新星堂でレコード選んでいても、「あー、言葉のチョイス間違えたぁ……」とウジウジして、一カ月経ち、居酒屋『むらさき』で偶然遭遇し、「よおっ（まだ怒ってんのか）」、「おおっ（って、怒ってねえよ）」、何か恥ずかしいなあ、「じゃ明日『現代政治理論』で」、「ああ」。ふう。

これが清く正しく美しい青春だなんて、まったく言うつもりはありませんが、少なくとも、もしどうしても奴と繋がりたいならば、いろいろある関係の中で、こんなことぐらいが起こる、こんな感じで、よたよたしながら、でも奴を憎からず思うなら、また「よおっ、あれは悪かった」ぐらいの説明もあり、そうやって「繋がる」って言うのがスタンダードなんじゃないかと、やり切れない日々を突き破るのが、ブレーク・スルーするのが普通なんじゃないかと、そう思わざるを得ないわけです。そして、あの気持ちの悪いレスのつけ合いを見て思うわけです。「それは何かおかしいんじゃないのか？」と。一体何をそんなに恐れているのか。そんなことを続けていて、一体いつ心と神経の筋肉を鍛えるのか。ストレスのきついこの世の中で、傷つく人間は弱者だから切り捨てよなどとは言いませんが[*7]、そういうゼロか一〇〇かみたいな話ではなく、繰り返し言うならば、皮膚一枚隔てて他者であり、それぞれが個体であるという超えようもない違和感を前提にする他者との関係において、心理的（ときには肉体的）摩擦や葛藤を一切排除して、ただでさえ困難な相互理解にどうして立ち向かうことができるのか。心のカサブタいっぱい作る以外に方法はないではないか。もちろん、当該の他者に対してそこそこ「憎からず思う気持ち」があればの話です。

「もっと強くなれ」なんて、自分自身ドヘタレな私は言えません。どうしてこんなちっぽけなことで毎日くよくよしているのかと思うほどの気の小ささですから、「強くなれ」なんて大雑把なことは言えません。そうではなくて、結局袂《たもと》を分かつことになろうと、神の仕業によって二〇年以上つき合うことになろうと（友人関係などというものは努力すれば続くとは限りませんが、努力しないと絶対に続きません）、そのときの気持ちに応じて、ダメでもともとの「言葉」があるではないかと言いたいのです。あの素早いレスは、全部自分を守るためのバリアなのか。そんなのは続かないぞ。宿題がたまるだけだぞ。

＊7――昔は「へなちょこの軟弱役立たず野郎」と言われて、「兵隊にでもなればほとんどの奴はずうずうしいぐらいになってけぇってくるってもんよ」で片づけられていました。

4 バカはウリになる

◉──「知らない」ことは恥ずかしくない

どうやら、「言葉が足りない」という事態をはるかに超える事態すら進行しているようです。今日、多くの人が知識も書物も常識もあまり欲しがらなくなりつつあります。欲しているのは、ひたすら「癒し」のようです。同時に、一部の領域では矢印が逆転しています。つまり、「言葉を持っていないことは残念なこと」ではなく、「言葉など知らないほうが優れている」という呆然とするような錯綜した事態です。[*8] そして、このことは、こうして午後の喫茶店でノート・パソコンを相手に原稿を書いている私の立場と仕事というものと直接関係を持つ事件です。おい、悠長にカフェで頬杖ついている場合じゃねえぞ、オカチンよお。

読者の中には、私の物言いが「みんなアホになった」という、大学教授の「上から目線だ」と反発される方もいるでしょう。そして、大雑把な言いっぱなしをすると、またまた「あんたたちおっさんはいつもそうだ。あのころの俺たちはああだった、それに比べてお前らは駄目だ、ああ古き良き昭和の時代よってか」とNGを出されてしまうかもしれません。[*9] しかし、批判と誤解を覚悟して、すこしだけ開き直って言ってみましょう。ニュアンスの違いに注意してほしいのですが、私が問題にしたいのは、誰それがアホになったという事態そのものではなく、「アホと思われることは死ぬほど恥ずかしい」という多くの人に共有されていた感覚が、いつの間にか消滅してしまったことです。「アホになった」ということを強調したいのではありません。「アホと思われるのではないか」という恐怖心をもたらす何ものかが、潮が引くようになくなりつつあるというところを言いたいのです。アホになったかどうかは、「アホの種類」を決めて話さなければならないので、それはここではできません。アホの「壁」の話です。

とにかく**「お疲れっす、俺、附属推薦の超バカなんで、よろしくお願いします」**と大学入学後のクラス・ガイダンスで自己紹介する一九歳が激増です。たった三〇年ぐらいの間に、私たちの社会では一体何があったのでしょうか。人間が三〇年やそこらで、集団的に一気に民族大移動みたいに変わるとは思えません。しかし、やはり何かが変わってしまったような気がします。

＊8――内田樹『下流志向』（講談社、二〇〇七年）には、これに関する衝撃的状況が説明されています。

＊9――若い読者のみなさん。私たち「二〇世紀少年」と「全共闘世代」とかいう、幻のような人々を一緒にしないでくださいね。自称「ゼンキョートー」世代の一部の人たちは（この「自称」と言うところが重要です）、はじめからする気もなかった革命とやらを遠い目で懐かしがる振りをしますが、彼らの本質は「革命」などという革新的なものではなく、「新しいものは無条件に価値がある」という極めて保守的な態度です。これは彼らが蛇蝎のごとく嫌悪した一五歳上の「昭和軍国少年世代」の全身にビルトインされた「近代テクノロジー信仰」に親和的な精神態度です。二〇世紀少年は、アポロ11号が持ち帰った月の石に憧れましたが、それは「進歩的」だからではありません。ロマンチックだったからです。ところがゼンキョウトーの人たちは、「それが新しいから」という理由で「エコロジー」に走るのです。そしてこの世代に共通するのが「あの時代をほとんど語らない」ということです。

◉———言葉を知らねえ奴は小僧にでもなれ

私の育った子供のころの、おおよそ街場に住む（農村は生活の基本が異なるので同列にお話できませんし、モヤシのような街場の子供であった私には語る資格がありません）平均的家庭では、親が高等教育を受けていようがいまいがほぼ全員が「勉強しろ」と子供に言っていました。「何で」と尋ねると「勉強しないと苦労するからだ」と言われました。だからどの家の親も子供に勉強させようとしました。「そんなにアホでは、将来まともな仕事に就けずに、人の言いなりの人生を送ることになるぞ」という、恐怖心をあおりながら勉強させるというやり方です。理由は簡単です。大人のうち、高等教育を受けていた人たちがだいたい一〇%くらいしかいなかったからです。残りの九〇%の人たちは、そういう世界での苦労を身にしみて知っていたからです。

四〇年ぐらい前は、第三次産業人口はいまよりも少なく、まだまだ多くの大人は肉体を駆使する以外でご飯を食べていく方法を持っていませんでした。これは、大げさな物言いではありません。クラスの友人の九割が高校に進学するなどということが当たり前になったのは、さほど昔のことではありません。ですから近所のおじさんやおばさんたちが言う「学問がない」という、この短いフレーズに含まれる意味、その切ないニュアンスは、逆に言えば「学問さえあればこんなに苦労しなくてすんだのに」という意味を含んでいました。「あの家《うち》は、娘が勤めに出なきゃなんないくらい困ってるってさ」という言葉のニュアンスがわからない若い人には、もうこういう感じは、わかってもらえないのかもしれませんが、私の子供のころはそういう語感が濃厚に残っていました。単純です。「アホではまともな仕事に就けない」ということです。「そこへいくと、こっちの家はさ、お父さんに学問があるからうらやましいねぇ」というセリフとセットです。お父さんに学問がある家では娘は勤めに出なくても済むという論理です（だから「お嬢様」というのは、一秒も働かないで家にいる「深窓の」令嬢のことを指しました。ＯＬなんて、貧乏人の娘がなるものだったのです）。

私が子供のころ、家族そろっての夕食の際、喧嘩をして妹に「お前はいちいち、シノゴロうるさいんだよ！」と言うと、父親がお箸をとめます。「シノゴロ？　憲治、いま何て言ったんだ？」と怪訝な顔をして聞きます。「えっ、いや、その、シノゴロとは……何だかそういう『いろいろ』ぐらいの意味だと思っていましたが……」。「お前は食事を中断して、正しい日本語を調べなさい」ということで、私の夕食はしばらくおあずけとなりました。[*10] そういうことを放置すると「将来苦労する人間になる」というのです。

まことに嫌味な、なにも夕食を中断してまで調べさせなくたっていいじゃないかと思うような父親の教育でしたが、それだけをお話すると「うちは教育熱心な家庭だった」という、じつにつまらない話になってしまいますので、つけ加えておきますと、先ほど同様ポイントは「厳しい我が家」というところではなく、食事を中断させられた私が**「頬から火を吹くほど恥ずかしかった」という、あの感覚があった**というところにあります。三つ上の兄は「おまえなあ、そんなことも知らないのか」と嘲り笑いますし、母親も「ああ、恥ずかしい、恥ずかしい」と、歌うように馬鹿にします。こちらは、「うぐぐ!!」と歯軋りをするほどです。屈辱と羞恥と敗北感。そんな言葉も知らないなんて、あんたはもう**「小僧にでもなるしかないねえ」**です（この「小僧になる」という語感がこれまた伝わらないのですよ。昨今。当たり前ですけど）。

だいたい中曽根内閣成立以降ぐらいに生まれた若い読者の方は、この話を読んで「ありえなくねぇ？」と思うかもしれませんが、私の子供のころは、この「ものを知らないことの恥ずかしさ」という感覚は相当多くの人々の間に共有されていました。上から目線の話ではありません。事実レベルの話です。そうだったんですよ。多くの家では。

理屈から言えばこうです。物を知らないということは、教養がないということで、教養がない奴らとは誰かかというと、うちの親戚にいるあの連中で、まともな職業に就いたことがなく、いつも貧乏ばかりしていて、歯を治すことをせず、子供を夜遅くまで起こしていて、貧乏なくせにお小遣いをたんまり渡して、店屋物ばかり食べている、あの連中のことだと。だからまともな人間として人様から尊敬される、人々を幸せにするような立派な人間になるためには、物を知らんといかん……というわけです。[*11] いまから考えると、これは普通の庶民が考える人間や人生のあり方で、特別な考え方でもなく、世の中はあらかたみんなそんなものでした。つまり、物を知らな

＊10――― 正しくは「四の五の言う」です。「つべこべ言う」という意味です。「丁（奇数）か半（偶数）」かで決める「丁半賭博」用語で、元々はあまり上品な表現ではありません。

い、知ろうとしない、本を読まない人間は、貧しく惨めな人生が待っているのだというのが、近代日本の社会観、出世観、人生観だったと思います。[*12]

いずれにせよ、こういう考え方が正しいか誤っているかはどうでもいいのです。ただ言いたいのは、「だから非常識で物を知らないことは通常は恥ずかしいことなのだ」と実際に、多くの人が思っていたということです。学問も教養もない人ですらです。いや、だからこそかもしれません。つまり、そういう感覚があったという事実の話です。

◉──レベルの低さがウリになるという衝撃

昨今も、基本的には無知で無学で無教養であることは、相変わらずさほど褒められたことではありませんが、昔ほど恥ずかしいことだと思われていません。数年前の紅白歌合戦に「おバカキャラ」ということにされている芸能人が出てきて、これまでは「いくらなんでもそんな中学の文化祭みたいなものがテレビに出てくることは許されない」と思われるようなレベルのパフォーマンスを目の当たりにしたときには、口もきけないほどの衝撃を受けました。私が驚愕したのは、あまりに愚劣なパフォーマンスそのものではなく、「そういうのもアリだし、恥ずかしくもない」という、漠然とした共通認識、芸能界社会の共有通念のようなものが存在しているように感じられたことです。驚く私に「義兄さん、こういうのがいまはアリなんですよ」と困った顔で義弟が教えてくれました。つまり、「ま、アリでしょ? あんなのも」という、「それはナシだろ?」

というようなことに関しても「アリということで」となっている、その**「なんでもOK感」**が、私の想像を超えて社会に着陸していたことです。えぇー?! 同じ歳の消しゴム版画家ナンシー関氏が生きていたら間違いなく激怒していたはずです。

「馬鹿げたことは恥ずかしいこと」などと、大雑把なことを言っているのではありません。ショービジネスとしてこの世に送り出されていることのほとんどすべては、もともと馬鹿げていると言えば馬鹿げていますし、すべての文学はそもそも馬鹿げたものです。いや、馬鹿げたものを作る以外に真実に迫る方法はないのですから、人間は全身全霊を込めて馬鹿げた文学を作る義務があります。しかし、馬鹿げたことを不真面目にやると、それは本当に「ただの馬鹿」になってしまいます。だから、すべての馬鹿げたこと（文学と芸能）を「命すらかけて、ものすごく真面目にやる」ということが疑うべくもない鉄則となっていたのです。

大阪の偉大な芸人「アホの坂田」が楽屋で「あないなアホなこと命かけんと、やってられまへ

＊11——ちなみに、これは山の手の中産階級の物言いではありません。「あの連中」と山の手の中産階級に思われている当の下町の人間が自嘲気味に言うことです。山の手の人間はもっと嫌らしく、そんな言葉を実際には口にせず、腹の底で馬鹿にしています。「私たちとはあまりなじみのない人たち」とか、婉曲的で冷たい言葉づかいです。私の御先祖様たちは、半分が大正時代に西日本の田舎から出てきた、成り上がりの山の手「もどき」で、もう半分が教育を受けられなかった、「一〇年先を考えることができない」ためにいつも人に騙されて貧乏ばかりの下町の人間でしたから、この感じがよくわかります。

＊12——このことを側面から説明するのが、寺子屋などがあって江戸時代から日本社会ではかなり識字率が高く、相対的にはかなり高レベルな社会であったということでしょう。

んでぇ」と闇よりも暗い表情で言っていたことを敬意とともに思い出します。正真正銘の喜劇人である伊東四朗が昔『てんぷくトリオ』時代に、スナックで興行をしていて、酔ったお客さんに「お前、もうちょっと真面目にやれ」と説教されたときには「途方に暮れた」という話も大好きです。しかし、国営放送主催の紅白歌合戦に出てきた**おバカキャラ**とかいう人たちのやっていた歌と踊りのパフォーマンスは、「あれはいくらなんでもナシであって、見続けると体調を崩しかねないほど恥ずかしいもの」であると私には映ったのです。歌詞の内容も、モードもあ然とするほど素朴です。「芸のなさを上手に見せる芸」すらないド素人は、人前に出してはいけないものです。梅田花月の支配人に怒鳴られます。あんなもん舞台に出したらアカンやろ。

私のセンスが古く、傲慢で、芸人というものの基本イメージが時代遅れなのかもしれません。でも、少なくとも、この世の中のある一定以上の年齢の、そこそこの教育を受けてきたおじさんやおばさんの多くが「いくらなんでも、あんなものがアリとなっていて、あんなものがテレビに出てきて、かつ誰もあれが死ぬほど恥ずかしいものだと抗議をしないということ」に言葉を失っているということなのです。いい悪いというよりも、ひたすら仰天しているというニュアンスのほうが強いでしょう。だって「笑かす」と「笑われる」の間の線引きというものがあっただろう。馬鹿なことをやったり言ったりすることは誰にでもありますが、そんなときでも程度の差はあれ、「恥ずかしい」という漣《さざなみ》のように襲ってくる気持ちだけはあったはずです。「恥知らず」という言葉があるではないですか。

しかし、(だいたい) 中曽根内閣以降に生まれた人々は、どうもそういう気持ちがさほどないようなのです。今日大学の教室にいる学生の半分は、「竹下内閣」以降に生まれた、**「ゆとり教育」という妄言の実験台**にさせられてしまった平成の子たちです。第二次世界大戦と東京オリンピックの起こった年を間違えて逆に並べても、毛穴から火を噴くような恥ずかしさなど、微塵もありません。それを「恥ずかしくない」と思うことがどういう気持ちなのか、こちらには絶望的なまでにわかりません。お前ら、どういう気持ちなのか。過去の出来事は、どうしても疎遠になりますから、あとから生まれた者たちが昔のことを知らないのは、ある程度は無理もありません。しかし、歴史の年号は覚えていなくても、今日の自分がある種の条件と環境の下に生きていることには、川の流れというものがあって、あれがあったからこれが生まれ、ああなったからいまこういうふうになっているという「感覚」がなければ、人はいったい何時を生きているのか。歴史を知らないのは、たんに古さの程度の違いだけだと思う人があれば、その人に言いたいのです。それは違うと。昔のことに疎いのではなりません。とにかく、昨今「知らなくても恥ずかしくないもん」の人が大増殖していると。

これでも物を書く人間ですから、自分が書くことが何らかの希望に結びついていなければやり切れません。だから、「日本のある層の人々が劣化した」という決めつけはやはりあまり安易にしたくありません。でも、「恥ずかしい」という気持ちが変質してしまったとすれば、それは文化、大げさに言えば文明の曲がり角というような、重大な問題をはらんでいるような気がするのです。恥ずかしいということになっていたことが、もはや恥ずかしくないということになっている。ここには何が起こっているのか。人前で男女がいちゃつくということは、数十年前では「イカれた連中のやること」になっていました。しかし、いまは電車の中でそういうカップルはいくらでも発見できますし、そもそもそういうことを戦後初めてやった大量の世代とは、現在初老に達した団塊の世代です。彼らは、初めて大学のキャンパスに少年サンデーと少年マガジンを持ってきた人たちです。いまは、退職して「蕎麦打ち」と「デジカメを持っての尾瀬の散策」と「エコロジー」に夢中です。だから、「時代というものはそういうものだよ。心配しなさんな」と言われるかもしれません。もちろん旧制高等学校の時代の教養主義をいま要求するのは、間違いなく時代錯誤でしょう。しかし、「アホであることが恥ずかしくない」ということが一般化するという状況は、やはり何か放置しておいてはいけないことを含んでいるような気がするのです。

まあ、一九三一年生まれの元軍国少年だった父親は言うでしょう。「ふん。日本人は、マッカーサーが来てからずっと絶え間なくアホになり続けているのだから、お前の言うことには意味がないのだ。ビートルズとかいう床屋に行かない貧乏臭い四人組が来てからはもっとひどくなった。学生がジーパンはいてヘルメットかぶるようになった後のことは、もう呆れ果てて覚えてない。いまさら手遅れだ。あきらめろ。漢文もまともに読めないようなお前だって、俺から見れば同じグループだ」と。そうだろうか、父さん。そうなのですか？

5 安全第一で言葉が止まる

◉――警戒すべきものとしての監視社会

言葉が足りないという状況は、非常に大切なことがほとんど「議論の余地なし」とされて、言わば自分たちから言葉を投げ捨てていることからも起こっています。でも議論の余地がないことなど、この世の中にはそうそうたくさんはありません。もっと丁寧に、恐怖や焦りに追い立てられているときにこそ、本当はどうなのだろうかと、言葉を尽くして話をするべきです。今日直面しているのは一体どういう状況なのでしょうか。

「管理社会」という言葉があります。人間の自由意思を踏みにじって、硬軟使い分けつつ、さまざまなやり方で権力的に世界を監視し、特定のイデオロギーに基づいて人々を管理するような、現代の暗黒社会を表す言葉です。海外の小説にはこうした未来を描いた名作が少なくありません。オルダス・ハックスリー『すばらしい新世界』、レイ・ブラッドベリ『華氏451度』、そしてジョージ・オーウェル『一九八四年』などです。こうした小説の面白さ、恐ろしさは、人間が何か強力な存在によって力づくで言うことを聞かされてしまうことにあるというよりもむしろ、本当は自分では望んでいないのにもかかわらず、自分が何を望んでいるかも自分で判断することができなくなるようなやり方で、内側から管理されて、あたかも自分や社会の自由を圧殺してしまうようなやり方、つまり自分から「言うことを聞くように納得させ、あたかも自発的意思によって、納得して行動している」と確信を持つようなやり方で管理されていくということの恐ろしさです。ヒットラーそのものが怖いのではなく、ヒットラーの言いなりになることの理由を自分で必死に努力して見つけ出そうとする心の問題です。そして、これまでこの問題は「そのように権力を持つ者たちのやり方は巧妙なのだ」という暗黙の前提としての議論の枠組みがありました。そういうのはヤバい状況なのだと。要注意だと。

◉――安全のためなら何をしてもいい

ところが、今日事情が変わってきてしまっています。その最たる例が、「安全」というものの意味づけが変わってきてしまったことです。安全を巡る私たちの社会の考え方は、もはや一切の異論を許さない一直線の話となりつつあります。いまや安全を確保するためには、何をしてもいいということになりつつあります。

どうにもこうした傾向は、世紀転換とともに世界に衝撃を与えた〝September 11th〟のニューヨーク自爆テロ以後、加速度を増して世界中に広がりつつあるように感じます。人口数百の過疎化した田舎の農道わきにポツンとある、一日一本しかとまらないバスの停留所に「テロ警戒中」

という貼り紙がしてあるのを目撃したとき、「あなたの街にもアルカイダがいるかもしれない」といったG・ブッシュ前大統領のメッセージが、世界中に計り知れない緊張を与えていると実感したものです。[*13] アメリカの保守的な街では「アラブ系」であるというだけで酷いことをされたり、言われたりするようなことがいまも隠然と続いていると、テロのあった東海岸ではなく、西海岸のサンフランシスコに住む友人は知らせてくれます。あれから〝safety〟のためなら、アラブ人を全員アメリカから追い出してもいいのだと、公然と言って歩くような人が増えたそうです。私の友人のイラン系アメリカ人であるK氏は、飛行機に乗るたびに、旅行に行くたびに、ショッピングモールを歩くたびに、「自分がイスラム過激派のテロリスト同様に扱われ、身分証明書を要求され、懐疑の目で見られ、爆弾の作り方を知っているだろうと尋ねられ、アメリカを出て行けと罵倒される」ことに辟易していると言っています。本当に、小指の先ほどの理性があれば踏みとどまることができるはずなのに、それすら失われてとんでもないことが行われています。異常です。**それをするのが合理であると説得する「言葉」が絶対的に不足しています。**そこにあるのは「死にたくなかったら黙って奴らを追い出せ」という、無口で言葉足らずな、そして野蛮な理屈です。言葉が完全に衰弱しています。

＊13――― アルカイダが与えているのではありません。ブッシュ元大統領が与えているのです。セキュリティ対策グッズを生産・販売している企業から政治献金を受けているからです。

思い返してみると、日本でもこの数年の間に、幼い子供が殺されるというやり切れない事件がいくつかありました。いかなる理由があろうと、幼児を惨殺するなどということを到底許せる気持ちにはなれず、自分がもしその子の家族であったらと思うと、腹の底から怒りと悲しみがこみ上げてきて、テレビに映し出される犯人の顔などを見ると、「自分には殺意のようなものがあるのだ」という気持ちすらわき出てきて、自分自身の黒い感情のうねりに戸惑うことすらあります。秋葉原で七人が殺傷された事件でも、容疑者の勝手で子供じみた言い分を知るにつけ、極めて不寛容な気持ちも強まります。

とはいえ、です。しかしです。安全の問題とは、「白か黒か」の話ではありません。「一〇〇かゼロか」という二者択一の問題でもありません。犯罪を心から憎むからといって、「悪いことをすることが一切できない世の中」を待望するなどと大雑把に世界と人間を考えることの危険とバカバカしさには、どうしても賛成できません。一人も殺されず、一人も傷つけられず、命を狙われる可能性がゼロの世界など、欲望に支えられた文明社会においては、それを想定することも、そういう社会の実現を目指すことも、「議論の余地なく当たり前のこと」とは到底思えません。理由は**「悪いことがまったくできない世の中では、絶対に良いこともできない」**からです。

市民的自由が徹底的に圧殺された二〇世紀の社会主義国家、別名「収容所国家」では、独裁者たちは「汚れた資本家に支配された西側」に向かって常に言っていました。「我が共産主義を目指す共和国では一人の失業者も、一人の犯罪者も、殺人も起こりえません！」と。これはまったくの大ボラですが、犯罪の発生率はたしか「欲望ドロドロの西側諸国」に比べれば低かったかもしれません。でも、その代わりに人間の自由な想像力や、失敗も含めて人間が存在することの素晴らしさや楽しさのようなものを表現する手段も領域も、ひどく剥奪されていたのです。職場での労働が終わったあと、地区の青年団の集まりを開いて、「全国偉大なる同志スターリンを顕彰する革命歌コンクール」の練習をする人生など、想像するだけでも身の毛がよだつほど気持ちが悪い人生です。そんなことで人生が進んでいくなら、酒とクスリと荒んだ異性関係で身を持ち崩し、ハンブルクか香港の裏町で犬に食われてのたれ死んだほうがまだ人生の意味はあるような気がします。安全かもしれませんが、絶対に失ってはいけない人間の持つある種のワガママさを自分で手放すような社会に生きる意味などありません。人間には堕落する自由があるからです。

もちろん危険を放置すべきだなどと言っているのではありません。そうではなく、いかなる文明社会も危険がゼロになるという水準点を想定することは意味がないし、そうした極端な反応と意識を持つことで失われるものもたくさんあるということを言いたいのです。そうした意味では、安全であるということは、一切の議論の余地がなく、もう決まりきった話であるわけではありません。そして失われたものは取り返すのに極めて多くのエネルギーと時間と犠牲を必要とすることは、世界史が証明しています。ここは、たくさんの言葉を使って、私たちの社会が錐《きり》もみ的に陥っていくシナリオを丁寧に話し合うべきなのです。人口三〇〇人の過疎化した鹿児島の田舎に、アルカイダの危機が迫っているはずなどないことは、普通の想像力でわかるはずではありませんか。アルカイダが迫っているかもしれないから安心して「とげぬき地蔵商店街で買い物ができない」などと、本気で考えている人がいるのでしょうか。

◉――監視カメラを自分たちから要求する市民

しかし、事態はまったくもって心配な方向に進んでいるようです。今日、大都市の街の盛り場の辻々には、よく見ると監視カメラがいくつも据えつけられています。凶悪犯罪を取り締まり、予防し、解決するためにはこうした情報収集が欠かせないというわけです。もちろん、監視カメラに残った映像によって、凶悪犯の特徴を割り出すことが可能になり、早期逮捕に結びつき、それが未来に起こったであろう事件を未然に防ぐ重要な役割を果たしたこともあるでしょう。

しかし、監視カメラがあるということは、監視カメラそのものが悪いというよりも、「カメラで監視されているのだな」と思いながら、それを知りながら、そう意識しながら生き続けなければならないという、ある種の「感覚」レベルにおける息苦しさを生み出します。そのあたりの「感覚」があれば、「だってカメラがあったほうが安心じゃないですかあ」という「まったくの言葉足らず」な理屈に簡単には屈服できないような、人間としての良い意味での動物的感覚が喚起され続けるはずです。大都会の盛り場だけでなく、この世の隅々、農村からリンゴ畑から、郊外のショッピングモールから、学校、劇場、図書館、役所、すべての地域に監視カメラがあることを想像したときの気持ちの悪さは、私自身拭い去ることができない感覚です。嘔吐すべきといってもよい状況です。

しかし、今日、町会で話し合った結果、町内の安全確保のために、町内住民の総意によって、全会一致で、商店街に監視カメラを設置するよう、管轄の警察署に要望書を出すといったことが、あちらこちらで起こっているらしいのです。カメラが商店街につくことで、住民は安心して、凶悪犯罪を避けて、安全を確保して生活できるというのです。皮肉なことに、こうした町会の要望に対して、警察署は「昨今の緊縮財政状況のため予算的裏づけを得ることができず、やむなくお断りの回答をしている」というのです。この世の中には警察からのコメントで何やら胸をなでおろすようなことは一つもないと信じて生きてきた私は、生まれて初めて警察のコメントに少しだけほっとしています。なんたることでしょう。安全を巡る私たちの世界の状況は、何か一線を踏み越えた感があります。自分から喜んで監視カメラに管理されたがるとは。

警察（国家権力）は、治安を守るという彼らの唯一無二の目的からすれば、できれば社会全体を監視して、すべての情報を得て、何があってもそれを情報に治安を維持したいに決まっています。論理的にはそうなります。たくさんの過去の迷宮入り事件も、当時監視カメラがあれば解決していたかもしれませんし、理論上は一億二〇〇〇万人をスイッチ一つで切り替えられる監視カメラで見張っていれば、あらゆる犯罪を未然に防ぐことができるでしょう。でも、それは警察だから、法を執行するという特別な立場からの理屈としては、そうなるというだけの話です。そうではなくて、いま監視カメラ熱望ウェーブが起こっているのはお国ではなく、お国の論理とは別建ての理屈で運営されなければならない「社会や世間」のほうです。町会自らが自分たちの生活を二四時間監視するようなシステムを早急に確立してほしいと警察に要求しているのです。これが私たちの人権感覚です。

この話は、犯罪被害にあった経験の持ち主が現実に存在する以上、本当に微妙なところで判断が食い違ったり、感情的になったりしますから、慎重に考えなければならない点もあります。でも、私が言いたいのは、さほど複雑なことではありません。人間には他人の視線から解放されていると思える、よい意味でも悪い意味でも存在する心の「光と闇」、「縁側と土蔵」(古いか)、あるいは「表通りと裏通り」というものがあります。そういうものがないと、人間は生きていけないのです。表通りでは誰に見られているかがおおよそ決まっていて、裏通りでは誰にも見られたくないという気持ちで生きているのだから、誰に見られているのかが本当はよくわからないやり方で監視され続けることは、本当に気持ちが悪いことで、それを自分から要求するなど、とても信じられない感覚だということです。

そうすると必ず批判されます。よくあるのは、「お前は、本当に危険な目にあったことがないからそんなおめでたいことが言えるのだ。被害にあった人たちの身になってみろ。その立場に身を置かれたら、監視カメラの設置に賛成するはずだ」という反論です。被害者、実際に怖い目にあった人間の視点は、無謬で、絶対的に正しいという、いわば被害者は聖者であるという視点です。下手をすると「足を踏んでいる人間には、足を踏まれている人間の気持ちなどわかるはずがない」という、あの例のとんでもなく乱暴なお話にすらなりかねません。あるいは、「岡田君は、事実として男性でしょう。だからすでにそういう事実からして、もはや構造的に女性を抑圧していることになるのよ」と、田舎から出てきた不美人というコンプレックスを反転させて間違ったフェミニストになった女友だちから言われたときの気持ちの悪さを思い出します。被害者の気持ちになれば、被害者にとってはお前の理屈は言語道断であり、劣等感フェミニストの暴論は、「もうそういうことになっているのだから」という、学問をやるものが一番警戒しなければならない構造決定論です。両方に共通するのは、やはり「言葉が足りない」ということです。議論の余地がないと判断されているところには、議論の余地がアリまくりなのです。

◉――無限責任を取らされる行政

数年前、公園にある遊戯具の回転軸の穴に小学生が手を突っ込んで、指を切断するという事故がありました。子供が大怪我をすることを喜ぶものは一人もいません。ニュースを見ながら、痛かっただろうなとか、親は注意を喚起しなかったのだろうかなど、いろんなことを考えました。しかし、事故が起こった公園の風景映像が流れたあと、市役所の幹部たちが記者会見を行い、「危険な遊戯具を放置した」ことを理由にカメラに向かって謝罪のお辞儀をしたときに、何かやはり変だなと思いました。そして、あたかもデジャブのように、三〇代前半の若い母親のインタビューが画面に現れました。「やっぱり、子を持つ親の立場としては、そういう危険なものをどうして放置したのかも納得できませんし、子供たちの安全のためにもう少しちゃんと責任を持ってやっていただきたいですよねぇ」と、これまた「もう最後まで聞かなくてもわかる、例の、あの言葉足らずの、子を持つ母親が切実に訴えている、その気持ちには誰も反論できない最終兵器」コメントです。

何度も強調しないといけないのがつらいのですが、子供が怪我をするのは人として本当にやり切れないのです。でもやはり思うのです。自分たちが子供のときに、そういう事故は皆無だったのかと。それほど子供と親にとって理不尽な事故なのかと。これほど大騒ぎするようなことなのかと。はたして行政の責任なのかと。

毎日のようにではありませんでしたが、やはり半年に一度くらいはそういう事故は昔もありました。しかし、それが全国放送で取り上げられて、かつ市役所の幹部が頭を下げる場面など記憶にありません。そもそも、重さ数十キロの鉄で作られた遊戯具の回転軸の穴に指を突っ込めば、指が吹っ飛ぶぐらいのことは、冷静ですらいれば相当アホな子供でもわかりますし、むしろわかっていても、止められていても、それでもやってしまう、「虫より馬鹿な男の子というもの」が、この世の中にはいるのであって、そんなことが当たり前（だと思われていた）の当時は、「馬鹿だよなあ」か「しょうがねぇなあ」という反応以外はなかったのです。公園の遊戯具で子供が怪我をしたら、責任はひたすら「馬鹿ガキに言って聞かせなかった馬鹿親」にあったのであって、行政の責任だなどと、ほとんどの人は考えなかったと思います（こう言う問題はケースバイケースであることが多く、中には明らかに行政の責任が問われるような例もあります)。

こうなったあと、今日、行政はほぼ「無限責任」に近い責任を負うことが期待されることになります。公園にある遊戯具の「一切総点検」という号令がかかり、新たに危険な結果を誘発しかねない不備が全部で二〇〇件報告され、半分ぐらいの遊戯具が使用禁止となるか撤去されて、砂場の砂がどのような細菌や雑菌を含んでいるか、危険度を正確に調査するまでは鉄格子をはめて使用不能にされ、コンクリートのブロックは、硬い角の部分で子供が怪我をする可能性があるので撤去される、などといったことになることはほぼ確実でしょう。木登りすると危険なので、下の枝は全部切れと行政は言うかもしれません。バカバカしい限りです。

子供が外で遊んで怪我をするということは、なるべく起こらないほうがいいけれども、私自身が虫より馬鹿な男の子だったことを思い出すと、実際に痛い目にあわないと、男の子は危険な遊びがどれだけ危険かは学習できないということを経験的に知っています。ブランコからジャンプして、どっちのほうが遠くへ飛べるかを競って、手を放すタイミングを誤り、真上に上がって、ブランコの鎖に体ごと叩きつけられて、腕を骨折するといったことは、私が育った団地の遊び場では、だいたい月に一度くらいは起こっていました。男の子はどうしてこんなに馬鹿なのか(笑)。

だから「そんなことは気にするな」というのではありません。ここがまた誤解を生むところなので、慎重な物言いをしなければならないのですが、要は、子供が絶対に怪我をしない環境を作り上げたところで、本当に怪我がなくなるということはありえない。もしその確率を限りなくゼロに近づけるようにするのなら、それはもはや公園では一切遊ばせないという方策をとるしかない。しかし、馬鹿なことをすれば怪我をし、心臓が凍るような体験をし、友だちに怪我をさせてしまい、買ってもらったばかりの自転車を壊し、何日も怪我の痛みがじくじくと痛むといった経験を一切しないで、虫より馬鹿な男の子がいったいどうやって、一人前の男になることが可能なのかと言いたいのです。

学校から帰って、晩ごはんまで、ひたすらテレビゲームだけをやり、友だちの誰とも喧嘩もせず、近所の年上の中学生にいじめられることもなく、年下の低学年の連中からメンコやコマを巻き上げることもせず、空気洗浄機が三つもついたマンションの子供部屋で一二歳までの人生の九〇%を過ごすような人間が、どうしたら一人前の大人になるための基礎を築けるのか。そしてそういう子は、未来にどんな子を育てるのか。

行政が無限責任を引き受け（るふりをして）、あらかじめ安全管理を徹底的にやって、つまり、悪いことはできないが、良いことも冒険心をくすぐったり、何とも言えぬ興奮を引き起こすような素敵な体験をしたりも一切できないような環境を作って、安心して暮らせる街にしたところで、それをはたして街と呼べるのか。「秘密基地」を持たない男の子は男の子として成長可能なのか。疑問は尽きません。

それでは私のここで言いたいことは、本当の「街」を作れという話かというと、そうではありません。そういう考えをも含めて、落としどころは難しいにしろ、両論並立しつつ、「この件については安全第一ということで」という決めつけをすることなく、もっと言葉を動員して議論をすべきだと言っているのです。結果的に、行政が責任を持たされて遊戯具の検証をすることはよいのです。ただ、これまで書いてきたようなことを地域で、町内で、家族で、学校できちんとたくさんの言葉を使って話してほしいのです。議論の余地なしじゃありません。言葉が足りないのです。「安全なほうがいいのだからそれ以外に何の議論が必要なのか」という、冷静なようでじつは怯えにからめとられた思考停止は、ますますの言葉の衰退を招くという心配があるのです。安全を考えるにあたっては、本当に対処しなければならない危険と不安とは何なのかをもっとたくさんの言葉と想像力で考えなければいけないだろうということです。

Ⅱ
言葉が出ない

1 OLが会社で疲れる本当の理由

ここまで、いろいろな「言えない」、「言葉が足りない」状況を示してみました。引き続き「言えない」話ですが、ここでは「言葉が足りても足りなくても言えない・言わない」状況、私たちニッポン人にとって、腑に落ちる、「そうだよなあ」という話をしてみたいと思います。ここには、「相も変らぬ私たち」という姿と、もしかするとやや新しい状況におかれた「これはよろしくない私たち」という姿の二つが垣間見えます。事例となっているのは、切なくも愛すべき、そしていまや日本の輝く希望（本当です）とも言える普通のOLの切実な姿です。**「言えないアタシの切ない話」**です。これらの話は、基本的には実際にあった話です。もちろんすべての会社に共通する話というわけでもありません。でも、よくある話です。

◉——充実した仕事で疲れたい

OLたちは疲れています。人生はそこそこ楽しいのですが、やはり何か疲れています。どうしてこんなに疲れるのか。病気かしら。それとももう歳なのかしら。いろいろ考えます。病気なら、病院に行けばいいし、遊びすぎて、働きすぎて疲れたなら、日曜日は『NHKのど自慢』が始まるぐらいの時間まで爆睡すればいいでしょう。もうそれなりの年齢に達していらっしゃるなら、「こんなとこ。こんなとこ。無理は禁物。まあ淡々と」と呪文のように唱えて、渋茶でもすすっているしかありません。

しかし、賢明なるあなたはそのうち次のことに気がつきます。「あたしが疲れているのは、フィジカルな問題というよりもメンタルな問題であって、かつその原因となっているのは、生活をかけて他者とかかわりあう場で起こる、いろいろなこと」がほとんどであることに。そうです。「職場」です。多くの人々が企業というところで働き、オフィスに吸い込まれて、今日も働きます。**チームで働きます**。職人はたくさんいません。ほとんどは協働としての職業を生きます。

職場での疲れはいろいろあります。炎天下足を棒にして歩きながら営業をし続け、断られても断られても、部長の言うとおり「断られてから営業が始まる」の精神で、今日もまたおつき合いいただけるお客様を探していく疲れは、本当に大変です。でも商売ができたときの喜びは、パソコンの前でマウスをクリックしながら株のトレードをやっているのに比べれば、はるかに大きいかもしれません。そもそも何よりも商売というものは、さほど甘いものではありませんから、仕事がきついなどと泣き言を言っている場合ではないのでしょう。セールスは厳しい。だから疲れる。しかし、それはまだ納得のいく疲れです。「お前のセンスを信頼するから、新規事業の計画を具体化してみないか」と部長に打診されたら、エキサイティングな気持ちに溢れ、休日返上で企画書を作り上げて、資料作りに没頭して朝まで働いてしまうかもしれません。こんなときは、そうそうたくさんはありませんが、「お前にしかできんのだ」と言われる喜びは、仕事をするという人生において最も幸福なことの一つです。だからそんなふうに疲れるなら、そのときにはじつは疲れていません。むしろ（できれば給料アップとセットで）、そういうふうに疲れたいなと思うわけです。

◉――まあまあ良い人が疲れる

疲れる理由は、まだあります。職場で働いている人、とくに上司のおじさんがもたらす疲れです。上司のおじさんが極悪非道で本当に嫌ったらしい、思い出すだけでも嘔吐しそうな、毛虫のような存在なら、このどよーんとした疲れとはなりません。上司のおじさんの困ったところは、「そこそこ」いい人だという点です。ものすごくいい人なら、疲れませんが「そこそこ」いい人だから疲れるのです。

上司のおじさんは、部下がこのところ頑張って残業してくれたので、少しでも部下を労《ねぎ》らおうとして、**プライベートなのか仕事の一環なのか区別しづらい、夕食なのか宴会なのか区別しづらい飲み会**のようなもののあとに、**誘ってくれているのか実質命令しているのか区別しづらい感じ**で「カラオケに行こう」と言ってくれます。というか、誘ってあげないと「拗ね」てしまって、後々もろもろ面倒くさいことになりそうだと判断した、**優しいのか冷たいのか区別しづらい、仕事ができるのか社内気配りが上手なのか区別がしづらい幹事役の次長**の判断で、「誰も本当は行きたくもないんだけど、少しは顔を出しておかないとあとで何言われるかわかりゃしない」という気にさせられ、仕方なしにつき合います。「家内と知り合ったばかりのころよく歌った」とも う何度も説明されたいつものサザンの『ＹａＹａあの時を忘れない』を**桑田佳祐のように気持ち悪く歌う姿**を見る羽目になります。Ｂメロを歌い終わったあとのシャウトをもうあと一回でも聞かされると、**心のバランス**が崩れそうです。

暗黒のカラオケが終わってやっと帰れると思ったら、「帰る方向が中でも一番近い」という理由で、「最後に行きつけのスナックでもう一杯だけ飲んで帰ろう」と言われ、やけくそになってついていきます。『北の国から』に出てきた「正吉のお母さん」みたいなスナックのママが作るまずい焼うどんを食べて胸やけしながら終電二本前ぐらいの帰りの小田急線に揺られながら、ちょっと火照った自分のマヌケ顔《づら》が黒い窓に映って、気分はディープブルーです。悪い人じゃないけど、話が長いのよ。あの部長。明日あたし朝八時に梅島の現場じゃん。南林間駅までもうあと二〇分。〝Suck Me!〟という気持ちの悪いロゴの入った黒いＴシャツを着た鼻からリングぶら下げている馬鹿野郎が、股をＶの字に広げて爆睡しており、七人掛けの椅子に五人しか座れない電車内は、まさに生き地獄です。

◉――空気を読めない上司のおじさん

さて、都内の某中小文具メーカーに勤めるサトミさんは二七歳の独身で、本人いわく大学は

「推薦だったし、高校時代はバスケに夢中で、受験もしてないから頭悪いし、箱根駅伝に出てくるから一応有名だけど、ワセダとかケーオーじゃない全然ゆるゆるの三流私立出身」で、趣味は「ヒーリングヨガ」と「ハーブティとスイーツがおいしいお店」でぼんやりと時間を過ごすことです。彼氏はいますが、結婚なんて考えただけで気が重くなるので、「どこに行くのも自転車大好き」の超草食系男子まもるくん（口癖は「ヤベェ！それヤベェよ！」です）とのお気楽なつき合いです。仕事は嫌いじゃないし、けっこう根が真面目なので、それなりに志を持ってやっているつもりです。もちろん自分は「エリートなわけないし」です。

朝のミーティングで、部長が「新期二年計画の設定と目標」という、**目標なのか出来上がった計画なのか区別しづらいプリント**を配って、はっぱをかけます。「いましている仕事は、五年後一〇年後の仕事と思って、明日、明後日を見据えてしてほしい」と、**正しいのか正しくないのか区別しづらいこと**を言います。でも、二〇分もの長い話の合間に、取引先からもう三回も電話がかかってきており、その度に話が中断されてしまうので、この話が**みんなに伝わっているのか伝わっていないのか区別しがたい状況**です。しかし、要は中期計画があまり目標売上に達しなかったことを役員に叱責された部長が、ポーズとしてやっている、大学三年生が作った「就職活動プラン表」みたいな言い訳文章であることは、すぐにわかりました。ポイントは「これまで以上にやる気を見せてくれ」という、たった三秒ですむ話です。ストッキングが伝線したふりして、トイレに駆け込んで、通勤ラッシュでやや乱れた化粧を直しながら、気分は**「これ以上頑張れ**

ねえっつぅの！」です。そもそも、「頑張れ」ぐらいのメッセージ・ゼロの言葉をかけられたって、入社して五年にもなるサトミさんは、もう膝蓋腱《しつがいけん》反射的に「ガンバリマス」としか答えようがないよう、心も体も「日本株式会社仕様」に造り込まれつつありますから、そんなことをわざわざペーパーにして、ク○イッソガシイのに朝っぱらかくどくど言われても困るわけです。あたしゃ、あんたの子守じゃねえっつぅの。

ああ、相変わらずだわ、この会社。部長も悪い人じゃないんだけど、今日は打ち合わせや会議の時間が取れるかどうかもわからないほど業務系の仕事が多くて、営業も広報も庶務もみんな総出で作業に追われるかもしれないんだから、そういうときは空気を読んで、お昼ごはんのシフトも柔軟に変更するぐらいの気遣いしなさいっていうのよ。わかってないんだから。だって、うちの会社は始業が九時半なんだから、シフトだシフトだって、一一時半に昼飯食ってこいって、馬鹿じゃないの。ランチが空いてくる一時半にしたほうが、やり始めた作業も集中してできるし、そうすれば午後の段取りだってつけやすいのに。たいして大きくもないうちの会社みたいにところに限って、そういうところだけ「システマチックな業務配分」とか、意味不明なことをコンサルタントから聞きつけて真似すんのよ。高いお金払ってさ。そもそも部長以上のおじさんが全員二〇世紀の頭なんだから、そんなの浸透しないし、そこだけやったってダメなのに。

◉——それでもまあ上司だし

それでも部長は、先月新しい直販店舗のＰＲのためにサトミさんが立てたプランと、ＰＲ会社の人たちとの仕事の進め方が、営業担当の部長の逆鱗に触れて、トップダウンで「プランの全面見直し」とされたとき、悔しさと怒りで泣きはらした顔のサトミさんを慰めてくれたこともありました。「お前のプランがよくできていて、しかもここまで一生懸命やってることはよくわかってるけど、営業部長に話を通して段取り作っておくことも仕事の一つだからなあ」と、**仕事の話なのか社内気配り術の話なのか区別がつかないような慰め**もしてくれました。すっかりやる気をなくしてしまったサトミさんには「落ち込む暇もないくらい忙しい」作業系の仕事をあてがってくれて、**慰められているのか神経をマヒさせられているのかも区別がつかないような気配り**もしてくれました。ま、しょうがないか。このおじさんも、この人なりに大変なんだから。

……さてっと、会議の段取りの確認に行かないと……はあっ⁉

サトミさんたちヒラ社員が肩こりガチガチ、目はシパシパ、腰はキィキィ、心はパニックみたいにして必死に業務をこなしているのに、相談に行くと部長は自分の席でパソコンに向かって、「テトリス」に夢中です。時計は午前一一時二〇分を指しています。サトミさんの心に**黒い液体のようなもの**がわき出てきました。って、テトリスかよ！　おい！　おっさん！　テ・ト・リ・スかよ⁉　ちょっと！　あんた！　そこのテトリスやってるおじさん！　あたしたちは昨日も本来あたしたちがやるような仕事じゃない仕事も、作業の人出が足りないって言うから、あんたの顔立てて残業したのよ。おかげで昨日も一昨日も疲れてＮＨＫのラジオ英会話講座サボったのよ。まあ、仕事だから仕方ないって。そうやって、あっという間に過ぎ去る週末をはさんで、こうやって今日も業務の合間をぬって会議の資料もそろえたし、そのあとはＰＲ会社の人と来週のイベントの最終打ち合わせで、多分終わるのは一〇時すぎるわよ。それで、それもやって、社内報の原稿も工場まで行ってインタビューして書き上げて、月にもらう給料は手取りであんたの半分もないのよ！　血尿出そうなほど働いてるあたしの倍以上も給料もらって、テトリスかよ！　おおぉーい!!

◉――かつてした我慢の報酬

帰宅後、サトミさんは怒りがおさまらず。晩酌をしているお父さんに当たり散らします。「そんなのありえなくない？　テトリスだよ！　テトリス！　もっと頑張れって朝のミーティングで偉そうに説教しておいて、午前中にテ・ト・リ・ス！　なんであんな馬鹿ジジイがあたしの倍以上の給料をもらえるわけ!?　もうありえない！　会社辞める！　馬鹿会社！」と、餃子と春巻を酢醤油につけながら、もう「オラオラ状態」です。若いサトミさんからすれば、納得がいくはずがありません。テトリスをやってる奴が自分の倍以上の給料なんですから。

しかし、お父さんはさすがに身も心もずっぽりニッポン株式会社に染まったおじさんです。可愛い娘に優しく説明するのです。

父さん「サトミ。お前の怒りももっともだが、この話はまったくのすれ違いだな」
サトミ「すれ違い？ 何がよ」
父さん「あのね。ニッポンの上司のおじさんはね、いまもらってる給料がいまの働きのおかげで出ているなんて、これっぽっちも思ってないの」
サトミ「どういうこと、それ」
父さん「あのね。日本のおじさんはね、長いこと終身雇用と年功序列賃金の世界で生きてきたの。つまり、無能でもアホでも、仕事できなくても、とてつもない失敗して会社に大損させるとか、ひどくだらしない振る舞いで会社に大恥をかかせたとか、そういうことさえしなければ『ただいるだけ』で、定年までに最低でも課長補佐くらいになれて、退職金も年金も多少はもらえるという、社会主義システムっていうこと」
サトミ「だからなんだっていうわけ」
父さん「だから、偉くなったらね、もう偉くなったんだから、テトリスでもいいのよ」
サトミ「お父さん、何言ってんの。偉くなったら、高い給料もらってるんだからダメに決まってんじゃん、テトリスなんて！」
父さん「あのね、だからってね、おじさんたちがただひたすら会社の席に座ってたわけじゃないんだよ。大チョンボさえしなければ首にならない代わりに、もうかわいそうなぐらいいろいろなことをやらされてきたのさ。若いころから。それほど好きでもないのにゴルフ習えってうるさく言われて日曜日の朝四時に起きてゴルフ行かされたり、部長の息子さんの運動会の写真撮ってくれって頼まれて撮ってあげたり、会社設立五〇周年の記念式典のときは、社外のお客様を空港まで送り届けて、帰りにお土産まで持たせて接待するなんていうのも、土日祝日関係なくやらされて、とくに管理職になるまでは『若衆宿の下働き』とか言われて、簡単に言うとすべてを会社のために尽くして、二十何年も、家族や地域や親戚づきあいなんかも全部ほっぽって、これまで生きてきたわけよ」

サトミ「馬鹿みたい。だからっていまサボってたら、それなりの評価じゃない」

父さん「おじさんたちはね、いまこれだけの金をもらってるのは、これまでずうっと馬鹿げた会社の『会社内世界』をアホと思われることもなく、かといって上司を脅かすやり手と思われないように注意して、目立たず、人のために汗をかくふりだけして、ここまで生き延びてきた『ご褒美』だと思ってるんだよ。だから、いまテトリスやってたって、高い給料に見合う仕事をしてなくたって、全然平気のへっちゃらなの。『おれはもうさんざん嫌なことも我慢して会社のために尽くしてきたんだから、もう偉くなって、同期入社のあいつとあいつが役員になれるかなれないかぐらいで、こちとらあと三年部長やって、へらへらしてれば、いまの給料の八五%ぐらいを保証されて、出向先で一〇時出勤のお気楽人生が待ってるかな』ぐらいの気持ちのはずだよ。いいか、おじさんたちはね、テトリスやってるのを見られても平気だし、お前たち若い小雀どもが『どういうことですか。高い給料もらってテトリスですか』って怒鳴り込んでも、お前たちが何を言っているのか、その意味すら理解できないはずだよ。『何怒ってんだ、お前ら』ってね」

サトミ「そうなの」

父さん「そうだよ」

サトミ「それでいいとお父さんは思ってるわけ」

父さん「いいと思ってるっていうか、飛び抜けたなんらかの能力がない限り、そうするしかないというふうに考えるようになってしまったんだな。最初は、俺がこの会社を背負って立つんだぐらいの志もなかったわけじゃないけど、女房とか子供とか、そういう守るものが増えてくると、もうずるずる後退するっていうか、そのうち後退していることにも気づかなくなってさ」

サトミ「……」

父さん「しかも、日本のサラリーマンは本当の一握りのエリート以外は、どこの会社でも基本的にはそれで何とかやってきたし、どうにも無能なおじさんでも、そこのルールに順応すれば、大学を出てなくても、親に財産や教養がなくても、ギリギリで家も建てられたし、子供も産み育てられたんだよ」

サトミ「でも、もうそんな時代じゃないじゃん。おかしいよ。いまだにうちの会社」

父さん「そうだな。もし部長クラスが、いまだにそんな古く懐かしい感じでやっていけると思ってる会社だと、まあ、なかなか牧歌的な雰囲気で悪くないんだけど、これからは大変だろうな」

サトミさんは、お父さんの話を聞いて、これまで不思議だなと思っていたことのいくつかが、「そういうことだったのか」と合点がいくような気にもなってきました。どうして普段は昼行燈《ひるあんどん》みたいにぼんやりしているのに、「俺に話を通してからだろ!」と急に怒り出したりするのかとか、まったく報われない馬鹿みたいな仕事をやる羽目になって、終電間際に帰ろうとしたら「これでタクシーに乗れ」って、めったに切らないタクシー券をくれたり、そういうことをです。上司のおじさんがぴっと反応するのは、思い起こしてみればほとんど、業務や事業そのものにかかわる話ではなく、「社内世界の生き方」みたいにものにかかわることばかりです。これでもサトミさんは、それなりの志をもってこの会社に入ってきましたから、そういう「会社ワールド」みたいなものばかりを気にして生きていかなければならない現実に、どっと疲労感を持ってしまいました。気分は、グレーまで混じったディープブルーです。

◉――本当に疲れる理由

しかし、本当のところサトミさんはもう気づいているのです。空気を読めない上司のおじさんのアホさ加減も、仕事そのものも自分を疲れさせているけれど、職人や専門技術人として腕一本ではなく、チームで仕事をしているのですから、ある程度の成熟した人間関係やコミュニケーション技法を身につけて、なるべく非建設的な軋轢を回避しつつ、みんなが生活を維持できるよう職場を生きていくのは、大人としては当たり前だということも。自分の前を昔から走ってきた先輩のやり方はいかにも古臭く、他方自分の後輩の仕事や人生に対する考えの甘さやぬるさにはときとしてイライラさせられますが、冷静になれば「やがて行く道かつて来た道」と謙虚な気持ちにもなれます。本当に彼女が疲れているのは、会社というどうしようもない組織でも善人であるKY部長のせいだけでもないのです。

疲れている最大の理由は、それほど言いたいことがあり、それほど許せないと思うことがあり、それほど納得がいかないことがあるのに、そういうことを会社の人たちの「冷静に、ジェントルに、それでいて毅然とした態度で、**ちゃんとした言葉**で、きちんと文句をつける」ことができないことです。そして基本的にはすべてを受け入れてくれるに決まっているお父さんやボーイフレンドのまもる君に当たり散らす以外のことができていない自分へのふがいなさが蓄積しているからです。「バカみたいな会社」ではなく「そんなバカみたいな会社にきちんとモノを言えないバカみたいなアタシ」に疲れているのです。だめじゃん。あたし。

サトミさんは、確信を持って言えます。やっぱり「昔から長いことやってきたんだから、そのご褒美で高給をもらう」ことはよろしくないし、新期計画と言いながら、ではそれをどうやって実現するのかという工程表や具体的戦術や段取りがまったく検討されていない計画書しか書けない上司のおじさんは無能であるし、一緒にゴルフやって機嫌を取れば商売をまわしてくれるはずだという考え方も古臭くて間違っているし、そして何よりも人生は仕事三分の一、休息三分の一、そして遊び三分の一のはずなのに、「やることなくて結局会社に来ちゃったよ」と八月一五日に平気で会社に来るしかないツマラナイ人間になり下がったおじさんたちの人生観も変だと。あたしの思っていることはそんなに突拍子もないことではなく、まっとうな人生を謳歌しようとしている人ならみんなそう思うはずだわと。あたしはそんなに間違ったこと思ってないよねえ。

個人の人生観については、他人がとやかく言うことではありませんから、「家にいてもすることがない」ツマンネェおじさんには「仕事熱心なんですねぇ。頭が下がりますよ」と言っておけばいいし、「女の幸せはやっぱり結婚だなあ」と自分が古女房にどう思われているかを考えたこともない馬鹿おやじが無神経に言うなら、「やっぱりそうですよねぇ。いい人いたら紹介してくださいね」と言っときゃ十分です。そんな仁丹くせえ奴らをいまさら改心させるほど愛情を持っていませんから。

しかし、「新期計画を成功させて、海外にも販売の拠点を！」と言いつつ、ベルギーとデンマークの違いもわからず、そして「どうやって」という方法も戦略も戦術もない計画書をアホみたいに読み上げる馬鹿上司となると、これは「あんたの問題」にとどまりません。そんな馬鹿上司の言いなりで仕事していたら、あっという間に会社はつぶれてしまいますから、明日のオマンマはその部長の能力にかかっているかもしれないのです。しかし、**言えない**のです。**「それは変じゃないですか」と、たったこれだけのことが言えないのです。**「目標は御立派ですけど、現在のうちのマンパワーと資金力とマーケットの評価でこれを成し遂げるための方法と段取りぐらい教えてくださいよ」程度のことすら言えないのです。いっそのことこう言ってしまえばいいのです。**「そんなの無理ですよ」**って。しかし、たかだかそんなことすら言えないのです。そして、そのことに、そのダメさ加減に、そして「それを言わないことで何を守っているのか」すら、深く考えられない日々の余裕のなさに、そのこと自体にイライラし、どよーんと疲れ、「もう考えないことにする」ことばかりに気を配っている、自分のご都合主義に対して、心が梅雨入りしているのでした。

スイーツ食べて、友だちの麻央と怒涛の機関銃トーク（そういうときにだけ流れるように言語化ができるのです）をして憂さを晴らすことで、心のバランスをとるのも、とても普通で健全なのでしょうが、心の中は「こうやって少しずつ受け入れて、相変わらず、『たかだかこれしきのことすら言えないバカなあたし』というやり切れない気持ちでオバサンになっていくんだわ」と焦りまくりです。誰だって、何十年も先輩の上司、自分のボーナスや成績査定をする上司に、「言いたいことを全部」言うことはできません。仕方ありません。権力関係ですから。「課長ってよ、てめえのこと棚に上げて物言いすぎじゃねぇ?」、**「ばか、言えっかよぉ? んなこと」**です。でも、権力関係だからといって、人間の関係はどんな関係においても基本は「相互的」なものです。ボーナスの査定はされるかもしれませんが、きちんと理にかなった正当な指摘を会社全体の利益という観点から紳士・淑女のスタイルで指摘したとき、それをきちんと受け止めない上司は、今度は逆にその上の立場の人間から「部下をきちんとコントロールして組織を機能させる能力のない奴」と烙印を押されるという緊張関係にあるわけです。言い方を考えれば、ひたすら一方通行の関係であるはずはないでしょう。どうして言えないのでしょうか?

サトミさんは、「本当はどうして言えないのか」に気がつきつつあります。でも言えません。そういうことを丁寧に言語にしていくという経験もないし、そういうことを言葉にして問題をはっきりさせるために勉強したという意識もありませんし、言葉を身につけるなんて、「生きていくのに必要な言葉」以外は面倒くさいと思って生きてきたからです。どうやって言えばいいのかわかんないし……。

電車は桜新町駅で停まり、疲れた人々が階段に吸い込まれていきます。今日、ここを歩いている勤め帰りの人の何人が「言うべきことをちゃんと言える一日」を過ごしたのでしょうか。改札を抜け、地上に出て、華やかだけどみすぼらしい大資本のチェーン店のおせっかいな看板を眺めながら、「この看板のデザイン決めるのに何十回会議やったのかしら」と、ぼんやりと考えるのでした。

2 OLが黙るもう一つの理由

◉――「顧客視点」って、「社内調整」のこと？

どうして言えないのかと悩むサトミさんと非常に似た体験をしているのが亜矢さんです。亜矢さんの日々の出来事から、いま一つの「言えない理由」が垣間見えてきます。サトミさんの事例に出てきたことが、またまたいくつも現れます。

ある食品メーカーに勤める亜矢さんは、会議の席で、たびたび上司から「顧客視点を常に意識して、お客様へ商品を提供していかなければならない」と言われ、本当にそうだなと思い、日々の仕事をこなしていました。ところが、ある日ふと気がつくと、自分たちの毎日の仕事には顧客視点なんてすっかり吹っ飛んでしまっていて、本当にお客様に満足していただけるものをどうしたら作れるのかと悩み努力する時間帯がほとんどないことに気がついたのです。

販売促進のためにどのように効果的な広告を打つか、そのためのお客様のハートに届くポスターをどう作製するべきかなど、課題はたくさんあります。本当はそういうことで肉体も頭も使いたいし、それを実現させていく適切な方法が得られたら、自分では残業したって、多少給料が安くたっていいわよくらいの気持ちになれるのに。結局、この一週間、亜矢さんは何にエネルギーを吸い取られていたかというと、**顧客視点とはまったく無縁の「社内調整作業」**でした。

ニッポンの会社のおじさんである上司は、外資系の会社のマネージャーなどに比べると業績の数字や営業の成績に関しては思いのほか寛容なときもあり、成績があまり芳しくなくても「まあ、この次頑張れ」といった、目標に向けた弾力的運営と家族的な優しさを見せてくれるときもあります。ところが、いったん話が社内調整というテーマになりますと、異常なまでのこだわりを見せる傾向にあります。組織における目標設定とその実現というプロセスで、目標への到達ができるかできないかよりも、そのプロセスで組織内部の意思疎通と利害調整をきちんとやったかどうかのほうが、メインの問題になってしまうのです。つまり、日本のおじさん上司が激怒するときの原因はあまりたくさんありません。大体は、**「なぜおれにその話を通さないのか」**、あるいは**「聞いてないぞ、そんな話」**、**「結果がどうあれ、まずは俺にその話を通すのがスジだろうが」**の三つの言い方のパターンで表現できます。

私の働く大学というところは学校法人ですから、いわゆる企業というところと異なる部分がたくさんあるのですが、それでも意思決定というものにかかわる仕事、その中でも「学部内調整」というものを杜撰に考えると、大変なことになります。「そんな話は聞いていない」と、大筋の決定がなされたあとに不平・不満をぶちまけられます。ひどい場合にはキャンパス内のあらゆる会議であたりかまわず嘘の悪口を大量に流されるといった妨害工作されることもありますし、決定の内容にかかわらず「議論せず拙速に決めた」という理由で計画全体の見直し要求などされたりもします。でも「俺は聞いていない」という人に共通しているのは、勝手に自分が資料を読まず、会議にも出なかったためにそうした事態になっている場合が非常に多いのです。国家から補助金を受けている日本の大学は、おかしなことをやっても、短期的にその結果が経営に直接反映されませんが、もともと世間知らずでプライドばかり高く精神年齢の低いおじさんが大量にいるところですから、普通の企業より事態は深刻かもしれません。

いずれにせよ、そういう社内調整を怠ると本当に物事がうまくいかないため、「どうしてこんなことにこれほどの神経とエネルギーを費やさなければならないんだ」という気持ちをぐっと噛み殺しながら、そしてベテランになればなるほど「それも仕事のうちだ」と見事な合理化テクニックを身に着け、今日も六時に帰れるのに、社内調整のために一〇時半になり、ぼんやりしながら地下鉄の駅に向かうことになるのです。一体、この仕事の本筋は何なのかしら。顧客視点を考える暇もなく、部長の機嫌を損ねないように、専務の顔をつぶさないように、言い方、持っていき方、確認の取り方、そんなことばっかり気にして、そもそも「聞いてない！」って言うけど、あたしは何度も念を押して、「いいですか？　本当にいいんですね？」って聞いたし、メールでも以下の件ご確認くださいって、注意を促したし、それでも心配だから会議の前に廊下でも言ったけど「わかってる、お前しつこいな」なんて言われたんだよ。もう、本当にありえないでしょう。何なのあの態度！　地下鉄が渋谷を過ぎても、亜矢さんの怒りは収まりません。

◉――一応「わかるわかるぅ」と言う同僚

あまり頭にきた亜矢さんは、お昼休みに同僚の沙耶さんとパスタをつっつきながら話します。オフィスが神保町にあるのであまりオシャレなお店はありませんが仕方がありません。

亜矢「どうよ。ありえなくない？　資料をちゃんと読まなかったのはあたしの責任じゃないじゃない。たしかにお伝えしましたって言ったら『俺に伝わるように言わなきゃ意味がねえんだよ！』だって、じゃあんたはマヌケで馬鹿だから一〇〇回言いましょうかって、喉まで出かけたわよ。大体こんなこと毎日やってて、何が『顧客視点』よ。やってることは、社内調整だけじゃない。おかしいよ、こんなの。絶対おかしいって！」

沙耶「亜矢の言うことは、絶対正しいよ。あたしだって、昨日新商品のサンプルとプライスカードを課長のところに持っていって、確認お願いしますって言ったら、見たとたん『やっぱ華がねえよなあ。こんなデザイン』とか言うのよ。あたしびっくりして『はぁ？』って言っちゃった。でもよく考えたら、課長の前に、『どんな具合だ』って、たまたま別の会議であったから部長に聞かれて説明しちゃったのよ。でも、ほら課長って、部長と同じ歳だし、人事で追い抜かれて仲悪いじゃない。だから、おれの頭越しに何で部長のところに持っていくんだって、そういう意味なのよ、あの嫌味は。あたしも忙しくてそこまで気が回らなかったのがいけないんだけど……。そういうことってあるじゃん」

どうやら、沙耶さんは亜矢さんの味方になってくれる気持ちは持っているようですが、やはり「そういうことあるからさあ、慎重に仕事進めないと面倒なことなるよ」というところにポイントがあるような感じです。話を十全に通さなかったことは、ややまずい仕事の進め方だったかもしれません。しかし、亜矢さんがうんざりするのは、そんな子供じみた男のメンツみたいなものへ気配りをすることが、本当にお客様への奉仕というものにつながるのかがわからないことです。しかも、こういう社内調整のようなことが、亜矢さんのセクションだけでなく、会社というところのすべての場所で、ほぼ毎日、星の数ほど起こっているのです。電車の中で疲れた顔をしてぼんやりしている人たちの疲れの半分以上は、こういうたぐいの疲れなのだと、最近亜矢さんは実感しています。

「それも含めて仕事だ」と言われれば、そうでしょう。しかし、働く者だって「心のリズム」というものがあります。人間関係ですから、多少は空気を読んで、相手の力を引き出しやすい環境づくりをして、我慢するところは我慢しながら、なんとかチームとして仕事をこなしていく知恵は、大人として当然です。でも、うんざりするような派生的仕事が続き、自分がいったい何のために苦労しているのかがあまりに納得できなくなると、人間は力が出なくなってしまいます。上司は、顧客視点と説教し、同時にバカバカしい社内調整に追われ、それがうまくいかないと現場の販売をやっている人が戸惑ってしまうような、品質とコンセプトと広告がちぐはぐなとんちんかんな商品をまたぞろ妥協的にお客様に提供することになってしまうという悪循環です。

◉――ガス抜き会議

そうしたことが続いたある日、社長や専務も同席して、ざっくばらんに自由に意見を述べるためのお茶会のようなものが開かれるということになりました。亜矢さんの会社は、社員何万人という大規模な会社ではありませんから、入社以来社長と話したことなんか一度もないというのがスタンダードの大企業とは違って、社長や役員のような経営の責任者と社員とのコミュニケーションは恵まれていると言わなければなりません。中小企業ゆえの良い意味での家族的な面もあり、こうした「今日は少し遠慮なく言いたいことを言い合おう」というミーティングがたまに開かれるのです。「俺流のやり方で現場の声を大事にする」と言う三代目の若社長は、セーケー大学のアーチェリー部出身の独身のイケメンです。赤いアルファロメオに乗っています。

ミーティングには、社長や専務、部長が数名、課長もそして若い各部署の社員もいて、だいたい三〇人くらいがコーヒーを飲み、ビスケットをかじりながら話をします。平社員の亜矢さんは、言いたいことはあるのですが、今日こそは発言しようという勇気を奮い起すこともできず、何となくまたその場に身を委ねたのでした。「最近、百貨店での売り上げが横ばいで、これは営業サイドの努力不足なのか、それとも本当にお客様目線で仕事に取り組んでいるのかな。それと先月発注のミスが二件あったそうだけど、連絡システムはちゃんと効率的になって業務が回ってるんだろうか」と専務が口火を切りました。社内調整に異常に時間がかかっていることが、業務全体に悪影響を及ぼしていることは、日々働く同僚たちにとっては悩みの種ですから、この発言を聞いた瞬間、若手の社員から**何とも形容しがたい溜息**が洩れました。もちろん偉い人には聞こえません。

日頃からこの点について、いつも愚痴りあってきた仲間も先輩もいますし、みな今日こそは、役員クラスの人に思いをぶつけることになるだろうと思い、亜矢さんはじっと行く末を見守りました。しかし、それに対する中堅社員たちの反応がどうにもはっきりしません。なんだか**「私たちはお客様の笑顔こそがエネルギーです!」といったような、「当たり前だけど毒にも薬にもならない合言葉」**の域を出ない空しい言葉が続きます。何か思いつめたような顔でじっとこの話を聞いていた、亜矢さんの一番尊敬する女性の主任である瞳さんが、「ちょっといいですか」と発言を始めようとしました。「やったわ! ついに先輩がこの奥歯に物が挟まったような言い方をやめて、問題をはっきりとぶっつけてくれる!」

瞳さん「これまでのお話を聞いていますと、やる気を出そうとか、お客様の人生の一ページに幸せのシュガーをひと匙とか、全員営業になったつもりでとか、なんだか精神論みたいな話ばかりで、本当に問題を明らかにするようなことになってないと思うんです。専務は、二言目には『やる気だ』と言いますけど、ここにいる若い子たちは本当にやる気を出して、一生懸命やってますよ。それはもう懸命に。あたしだって、力を振り絞ってやってるつもりです。だから、もうこれ以上あの子たちに『もっと頑張れ！』なんて言えません。そんなことより、みんなのやる気を削いでいるというか、頑張りの障害になっているものを探し出す必要があるんじゃないですか」

来たぁーっ！　ついにあたしが一番問題にしたいことがここで話題になる。先輩ありがとうございます！　専務にガツンと言ってやってください！　亜矢さんは、なんだか興奮してきました。やっぱり、こういうざっくばらんな話をしながら、コミュニケーションをとることは大事なことなのね。うちの会社も捨てたもんじゃないわ。

専務「障害？　それは何だ」

瞳さん「それは、その、社内の連絡の効率とか、あの、全体的に内向きな方向性というか、そういう流れが滞る体質っていうんですか……」

専務「なんだかよくわからんな。まあ、いろいろあるとは思うが、それはもう一致団結してな、てきぱきとメリハリつけてやってくしかないだろう」

瞳さんの言葉も、急にトーンダウンしてきましたし、専務の空気の読めなさ加減もかなり絶望の域に達している感じもしますが、亜矢さんはこのあと、多くの仲間たちが言葉を補い、言葉を添えて、必死に苦しい現状を、少しは身についた大人の穏やかなモードで、それでいてはっきりと問題となっている社内調整について言い及ぶだろうと期待していました。なぜならば、いつだってこの話は部署を超えて居酒屋での打ち上げで話題になるからです。ついにこの日が来たのね。さあ、みんな、先輩に続け！

◉——黙り込む仲間たち

しかし、「みんなはどう思ってるんだ」と尋ねる常務の声に、一同沈黙する姿を見て、亜矢さんは頭の中が真っ白になってしまいました。どうしてよ？　なんで？　お昼食べながら、まずい居酒屋の焼き鳥を食べながら、ティラミスの紅茶セットを食べながら、トイレで会った三分で、偶然会った地下鉄の中で、同期会で、工場視察の帰り道で、みんなで言い合ったじゃない！　こんなくだらない社内調整やって消耗して、馬鹿みたいに疲れて、こんなことやってるのうちだけだって、みんな怒ってたじゃない。おかしいよ、異常だよ、どうしようもねえよって。何で？　何でみんな黙ってるの？　どうして、「いまのような状況はおかしいですよ。『顧客視点！　顧客視点！』って言いながら、実際は『顧客視点とは社内調整のことである』っていう、つまり『戦争は平和である』みたいなインチキ禅問答になってますよ。しかも、疲れてきて、みんな本当に疲れてきて、もうどうでもいいよっていう雰囲気が蔓延してますよ！」ってドーンっと、あのにくったらしい部長に言ってやらないの？ どうして？ どうして？ 何でみんな黙ってるのよ！ ここにいる馬鹿上司は、全然わかってないじゃない！

亜矢さんの焦りをよそに、結局お茶会はなんとなくザワザワ感を残し、いくつかの誰かの重い溜息を残して、そして「今日は部長と話せてよかったですぅ」という、ガクシューイン出身の新人洋子さんのお約束のお世辞とともにつつがなく終わりました。亜矢さんは落ち込みました。社内調整なんて、それぞれの役割を果たすべき人々が、メンツや地位にこだわらずに、合理的に無駄を排してやれば、相当のことが簡単になるのに、今日もそんなことすら上司たちには伝わらなかったのです。

◉――やっぱり言えないアタシ

でも、亜矢さんが本当に落ち込んでいるのは、馬鹿なおじさんたちが会社のトップにいることではないのです。まずは、「どうして言わないの」と人に期待ばかりして、結局ただの一言も発言することができなかった自分がみじめだったのです。テトリスに激怒したサトミさんと同じです。そして、もう一つが非常に決定的でした。それは、あのミーティングで、「それはおかしいのではないのですか」と「いつも痛切に思っているくせに」何も言わない人たちがたくさんいたことでした。加えて、いつの間にか「顧客視点とは社内調整のことである」などという、完全に矛盾した論理が定着しつつある「ヤバい状況」であるにもかかわらず、**そんなおかしな理屈をそれほど変だとまったく思っていない人たちがたくさんいること**に気がついてしまったことでした。そして、この気持ちには、でもわかっていてくれる人はわかっているし、そう思っているんだから、働く者のまっとうな感覚に依拠して、「それはへんじゃないですか」と言ってくれると思っていたのに、言ってくれないんだという、重苦しい失望がつけ加わっていきました。そして、この苦しさから逃れるためにこう考えたのでした。

「あたしだって結局言えなかったじゃない。みんな自分が可愛いよね。ざっくばらんとか言ったって、ようするにそういうときに調子に乗って好き勝手言ったら絶対あとで睨まれるってことぐらいみんな計算済みでしょ。適当にお茶濁して、『大人しく前向きに従順路線』でやっていくのが一番疲れないし、それに奥さんや子供がいる課長クラスの人なんて、社内ギャンブルできないし、そもそも本音トークの仕方なんて二〇年前に忘れちゃったんでしょ。ふう。もういいや。勇気一〇〇倍出して言ってみようかなと思うけど、瞳先輩みたいに、言ったあげくまわりから今日みたいに放置されても最悪だし。会社ってそういうところなんでしょっていう感じで。明日は夕方まで寝て、ネイル・エステに行こう」

電車に揺られながら、疲れた体を吊革にぶら下げて、亜矢さんはぼんやりと考えます。この電車に乗っている大量のおじさん、おばさん、おにいさん、おねえさんは、ほとんど言いたいことを言えないで一日二四時間の七五%くらいを生きているんだわ。そして、モミアゲに白いものが見え隠れしてきたようなおじさん、おばさんは、言いたいことがあったなんてことすら忘れてしまっているのかもしれない。そんなことをずうっとやっているうちに、この世の中では「馬鹿が組織を食いものにする」ことが起こり続けてるんだわ。でも、「頑張れ」だけ言われても人間だから力が出ないっていう、普通のことすら「言葉にできない」ってどういうこと? 何のために子供のころから学校に行って、公文のドリルやって、『ステップ・アップ高校受験現国問題集』やって、ホームルームで「浜崎君のいじめ問題について」話し合い、大学の試験答案に大量の文章を書いてきたの。あたしが身につけてきたささやかなこの「言葉」は一体何のためにあるのよ。

携帯が鳴り、彼氏のまなぶ君からのメールです。「ラーメン『陸』、超ヤバ。明日ユニクロ? いま、新宿」って、**単語でしゃべんじゃねえよ。**言葉が使えない馬鹿と言葉が貧しくて勇気もない馬鹿。あたしもまなぶもバカじゃない。表参道で降りてアロマ・ブティックに行こうと思いましたが、亜矢さんはまっすぐ帰って寝ようと思うのでした。たまプラーザ駅まで座れそうにありません。

3 言葉を支える「社会」

◉——何かを守って言えない

私たちは「言えません」。情けないけど本当に言えません。いまは亡き忌野清志郎は、大昔『言論の自由』という名曲を作って歌っていました。**「本当のことなんか言えない。言えば殺される」**と。私たちの日常は、言うと殺されるというほど切迫したものなんかめったにないのに、それでも「言えません」。「たったこれしきのことも言えねえじゃん、俺ら」です。私自身も電車の中で、シルバーシートの前におばあさんが立っているのに、プレステに夢中の小学生が座っていても「おい、にいちゃん、あんた若くて元気なんだから、こっちのおかあさんに席を譲りなよ」程度のことも、発言率五八％くらいです。職場でも、まったく言いたいことが言えていません（「言いたいこと」を言うと妨害と謀略に巻き込まれるかもしれないと考えてしまう面と、しゃべるのはいつもイワズモガナなことしか言わない人だから、とくに言いたいこともなくなってしまうという面もあるのですが）。言えない、言わないことで、**何かを守る**のです。一体何を？

典型的な「非エリート」で苦労しているサトミさんは、あたしなんか何てことない「**ただの**

OLだから言えない」と思っています。亜矢さんはどうでしょうか。亜矢さんの「言えない」も、基本的にはサトミさんと同じです。会社という権力関係の中で、あたしみたいにワセダもケーオーも出てない、どうってことないOLが何か言っても、おじさんたちは「うるせえ小雀だけど上手く飼いならさないとまた『それってセクハラじゃないですかぁ?』とかめんどくせえこと言いだすから気をつけなきゃな」と思うだけだし、おじさんと利害共同体を形成しているおばさんは、「あたしたちのころはそんなことでいちいちぎゃあぎゃあ言わなかった」と突き放されるはずです。「あたしよりも肌も若くて尻も下がってない、いい男をゲットするポテンシャル高い、あんたみたいな若い女が幸せになってたまるかよ」という**黒い欲望**によって、足を引っ張られる可能性だってあります。そもそも、あたし小学校からいままでずっと、みんなの前で大事なことを発言するなんてありえなかったし、疲れるし、間違った言葉使って白けさせたりしたら、もう超パニックだし。**「言いたいけど何かを守って言えない」**です。

まったく同じことは、いまなお世界中で起こっているかもしれません。百貨店が凋落の一途をたどる中、販売の拠点をそうした都市部に集中しすぎては百貨店の道連れとなって今後の売り上げの縮小が危惧されるので、販売拠点を全国に散在させて、商品のブランドイメージはやや下げても、コンビニや通販などのネットワークを広げないと、もうかつてのような「三越にタクシーで乗りつける五反田池田山のセレブ」だけを相手にした殿様商売はできなくなることは、「全部長会議」で集まった部長クラス全員がもうわかっているのに「誰も何も言わない」のです。

言わないだけでも十分情けないのですが、一部のバカは「ぬるぬる」の三代目社長にとり入って「営業部長はお父様が命を削って築き上げた商品ブランドを駄菓子屋風情のお菓子に引き下げようと画策しておるようです。コンビニグループからヘッドハンティングを受けてるらしいですよ。ああいう『君側《くんそく》の奸《かん》』は遠ざけておいたほうがよろしいかと……」などと、「とにかく目標は自分が役員になること」に一点集中して、会社を食いものにしようとする奴もいます。こういう下品な奴はどこの組織にも必ずいます。お前が君側の奸だっちゅうの（まあ、実際はこんな時代劇に出てくる「越後屋」みたいな言い方しませんけど）[*14]。

でも、役員になれるかなれないか瀬戸際の部長クラスの連中は、「余計なことを言ったりやったりすると役員になれない」というブレーキががんがんにかかって、「ブランドイメージを維持しつつ販売網も再度強化するための調査が必要かと」などと、毒にも薬にもならない**「目標花火ぷしゅん」**みたいなことしか言いません。お前よお、石油ショックのとき一緒に会社に入ってよ、あのころはおいしい洋菓子を食べる幸福を俺は生涯追求するんだって、ほっぺた紅くして言ってたじゃないの。いまさ、会社瀬戸際なんだぜ。自分の年金が出ればいいかじゃねえだろ。ここで言うべきこと言わないで、三〇年の職業人生が何よって俺も言えないけどさ。

改革しなければならない。何がダメなのかもわかっている。でも改革するとこれまでと同じというわけにいかないからいろいろ面倒くさいし、このままとくに何もなければ無事に退職だし、余計なこと言ったりやったりして力の強い人たちに睨まれても損だし、どうせあとは野となれ山となれなんだから、まあ、いまのバカを御輿に担ぐふりをして、無難にやり過ごすのが一番だな。だいたい改革を叫んでるあいつは昔からどうも気にいらねえんだよ。ちょっとばかり仕事ができるのを鼻にかけて、物の言い方ができちゃいねえんだ。あんたは無能だろっていう本音が見え隠れしてんだよ。感じわりぃな。だいたい俺は先輩を立てないような、ああいう「若手の改革派」みてえな跳ね上がった奴らが昔から好きじゃなかったんだよ。言ってることはその通りかもしれねえが、ほとんどの人間はそんなもんに対応できないんだってことがどうしてわからねえんだろ。それができれば、俺たちゃはなっからこんな三流の会社じゃねえよ。ま、若い何も知らない連中はまだこれから先があるから、あとはよろしくっていうのも悪い気がするけどね。とにかくあいつの手柄にだけはさせねえからな。**沈黙あるのみと。**言えない理由は、このように呆れるぐらい個人的事情なのかもしれません。サトミさんも亜矢さんも、しゃべれない事情は、よく考えたら嫌われたくないし、変なことしゃべってバカなのかと思われるのも嫌だったからという個人的事情だったのかもしれません。

でも、それならこの話は「世の中そういうもんじゃねぇ？」ということになってしまい、ここまで朝五時に起きて原稿を書き続けてきた私の動員してきた大量の言霊が宙を漂って成仏できません。わかりやすく言いなおしましょう。「世の中そんなとこだ」なんて、**「それ言っちゃぁおし**

＊14——「君側の奸」とは、王様のそばでよこしまなことを考え悪だくみをしている者のことです。

めぇよ」です。ですから、ぎりぎりのところで何とか踏ん張って、こう考えるのです。話せねぇ理由はいろいろよ。でもな、一つっきりしかねえってことはありえねえ。白か黒かの話じゃねぇだろ。いいかいオニイちゃんたち、こおいうときゃ「なんでしゃべれねぇんだ」じゃなくて、「こうすりゃしゃべれる」って考えんだ。亡くなった車寅次郎こと渥美清さんなら、こう励ましてくれるかもしれません。寅さん、個人営業のあんたがうらやましい。

◉——サポしてくれるという信頼

サトミさんが言えなかった理由は、ボキャ貧（ボキャブラリーが貧困の意味。故小渕首相の造語）でハートも弱くて、自信がなく、ちゃんと話す経験もなかったという面が否めません。そもそも言葉にするということがどれほどのものをもたらしてくれるのかをまともに考えたことなんか一度もなかったという理由もあります（この「言葉がもたらすもの」については、次の第三部でくわしく述べます）。

しかし、亜矢さんも一見同じようでありながら、そこにはここで少し考えてみたい大切な問題が見え隠れしていました。それは「そうだよな」と言ってくれる人が「いるはずだ」という、「あたし」という領域を超える「あたしら」が共有する、絶対に失うわけにいかない気持ちです。**「あたし」を超えて「あたしら」と思える根拠**のことです。

亜矢さんが傷ついてしまった最大の理由は、普通に考えてみて「おかしくない？」としか思えないことを言ってみたら、おかしいとみんながわかっているくせに、それに賛同するように言ってくれなかったことです。「何で黙ってるの、みんな」です。もちろんこのミーティングのあと、仲間の何人かは、「ミーティング最悪だったよねえ。課長とかみんな黙ってるし、あんな威勢のよかった太一君とかも急に元気なくなっていったもん。ま、あたしも人のこと言えないんだけどさ。会社ってこんなもんかもね」と、励ましにもならないことを言ってくれました。「でも、さすがに瞳さんだよねえ。ちょー言いにくいことなのに、一応ある意味突破口開いた感じあると思わない。あたし、心の中で、いいぞ、いいぞもっと言えって叫んじゃった。昨日、瞳さんにトイレで、『ありがとうございました。あたしも陰ながら応援させてもらいます』って言っちゃった」。はぁ？ **「陰ながら？」**

亜矢さんはこの言葉を聞いて脱力していきました。ああ、うちの会社はきっと何が起こっても、スプーン一杯の勇気をもって「それは変じゃないですか」と言った人をみんな口々に「陰ながら応援する」と言って放置して、結局何も変わらず、そんなことがあったことすら忘れて、また無駄でくだらない社内調整とやらに疲れていき、若くて希望に満ち溢れた若い人が、また一人、また一人、質《たち》の悪い大人になっていくんだろうなと。もう誰も文句をつけなくなって。ふん、陰ながらじゃねえよ。**表立って応援しろよ！**

言えない理由は、「どうせ言ったって誰も手を貸してくれないだろうし、自分ばかりカッカしても馬鹿ばかしい。あたし一人の力じゃどうにもならないし、何よりもチームで仕事してるんだから、自己チューって思われたくない」からです。でも、ここにはあまりにも簡単に決めつけていることが含まれています。「どうせ言ったって誰も手を貸してくれないだろうし」という部分です。本当にそうなのでしょうか。それほどこの世の人間はオタンチンのスットコドッコイなのでしょうか。

この世の中を生きる人間が、自分だけの内面世界を無分別に侵されることなく、自由を享受し、それでいて孤立することなく粒立ちのよい連帯をして、協力し合いながら間違いだらけの人間の営みを、少しずつ時間をかけて、なんとか暗黒の世界とならないように、適度に世の中の仕組みやルールを作り変えたり、酷いことが続かないようにしたりすることで、よたよたしつつも続いていくためには絶対に必要なことがあります。

それは、**「いくらなんでもひどすぎる」ことが起こったときには、あの真っ当な感覚に基づいて「そりゃいくらなんでもひどすぎやしないか」と、複数の人間が自分の利害を超えて正しい文句をつけてくれるはずだという信頼感が最低限共有されていることです。「それは間違ってるし、おかしいんじゃないですか」という不満や疑問が多くの人に共有されているときには、何かをきっかけに、「それは変ですよ」と勇気を持って言った人間を孤立させない、「最後の安心ネット」のようなものがあるのだという信頼感が共有されていることです。**

これは、「私は一人ではない」のだという、極めてシンプルかつ強力なエネルギーを人間に与えてくれる本当に大切な信頼感です。人間からもしこの感覚が失われたら、そのときにはもはや人間は社会を形成するどころかそれを維持することも不可能になります。人間は一人で生まれてくるし一人で死んでいきます。個体としての他者を完全情報の下で理解することも不可能ですし、世界史にただの一度しか登場しない個人はその意味では本当に孤独で一人です。でも、自分が自分のことを「自分だ」と認識できるのは、他者がいるからです。自分の人生が楽しいと思える時間帯の多くの部分に必ず他者が存在します。自分は大した人間ではないがそれほど無意味な存在ではないというギリギリのプライドがかろうじて成立するのは他者がいるからです。自分がこの世界から言語を絶する、本当にひどい扱いを受けたとき、それを地上の人間が全員放置するなどということはないのだという気持ちがあったからこそ、これまで自分は生きてこられたという感覚があるはずです。[*15]

これは正しいと確信まではいかないにしても、それなりの正しさを直感的に感じていれば、「それはおかしいのではないですか」と問いかけてみたくなります。しかし、「それはおかしい」と言ってみても、「そんなこと言っているのはあんただけだよ」と言われると、やや不安な気持ちになります。おかしいと思っても、まっとうな人間になれば、なるほどもう一歩、もう二歩冷静に考えたら自分の判断は間違っているのかもしれないという反省や思い返しをするようになりますから、「え? もしかして俺だけ? こんなこと言ってるの」と思い始めますと、この不安に立

＊15——逆に、そういう気持ちを失い、世界に放置されたと思う人が、日本だけでも年間三万人を超えて、自ら死を選んでいます。これは横浜スタジアム一杯分の人間の数です。

ち向かうには努力が必要となってきます。

このときに非常に大切なのがまさに**「この考えは、まっとうにものを考えている人たちなら必ず賛同し支持してくれるはずだ」**という、自分以外の普通の人々の持つまともさへの信頼感です。この信頼感を持っているときに、私たちは「私の名前で、私の声で、私の行動で、この異議申し立てをしているけれど、これは私個人を超えて『みんなの想い』なのだ」という気持ちになり、それゆえにきちんと問いただすべきだというパワーもわいてくるのです。

私たちのまわりを見渡してください。読者のみなさんと私の短くも儚《はかな》く、マヌケで楽しかった人生を思い返してください。そういう自分以外の普通の人々の持つまともさは、本当にそれほどめったにないものなのでしょうか。それを期待するのはそんなに夢のような話なのでしょうか。そんなことはありません。まったく余裕を失うほど忙しかったり、かけてきたエネルギーの分だけ反動でひどくダメージ受けたり、どうしてもねじくれてしまって心が冷えてしまったり、そしてさまざまな理由で他者から裏切られてしまったという気持ちになり穴倉から出てこられなくなってしまったとき、私たちが持ちうるまっとうな感覚というものは一時的には失われてしまったような気がするものです。どいつもこいつもアホばっかりでこの世は出鱈目でク○喰らえってんだぁと思っているときは忘れてしまいがちですが、私たちの「あの」まっとうな感覚が完全に、そう簡単に失われるはずはありません。心が温かみを取り戻してくれれば、思い出せます。

◉──社会の喪失と「私たち」のイメージの消滅と再考

もし話せない理由が、こういう信頼感に関わる問題から発していているならば、そしてそのことが検証され、たしかに「まともなことを言っても誰も取り合ってくれないこの世の中」という意識が私たちのコミュニティの老若男女にすっかり浸透していることが明らかになったら、それを放置しておくと私たちはいとも簡単に自滅するでしょう。そういう最低限の信頼の気持ちがある程度の数に人間に共有されていない共同体は、もはやコミュニティとは言えず「集住状態」という乾いた言葉で表現するほかのないものです。[*16] もし目を覆いたくなるようないじめが横行し、それが絶え間なくだらだらと再生産され、ミドル・ティーンの男女がひたすらそれを恐れ、どうせみんな自分が第一なんでしょと、仲間の持つまっとうな感覚への期待値がゼロのまま、携帯メールの画面に引きこもりつつある事態が、日本の中学生の七割を超えたら、それはもう私のような「人間の善意にまたぞろ胡坐をかくオメデタイやつ」の話なんかいくら読んでも「それって、意味なくねぇ?」なんでしょうが、この本を手に取っていらっしゃる方々の多くは、「ま、そりゃあるかもしれないけど、そこまで言うほどひどくはないいんじゃないの」と思われているはずです。

私たちが話せない理由があるとしても、話せる理由があるとしても、そこには「他者への最低

*16──大都会の単身者ばかりがワンルームに大量に住み、かつそのうちの半分が二年以内に移動するような街は、もはや街ではなく「寝る場所がたくさんあるところ」です。東京という世界でも稀なほどいびつな都市の半分はそういうところです。つまり東京の半分は街ではありません。東京で生まれ育った私が太鼓判を押しておきます。

限の信頼」を通じて得られる、「私たち」というものの基本イメージを支える、それゆえ「政治」、「経済」、「思想」、「文学」、「芸術」といったすべてのことの基礎となる柱というものがあります。**他者への最低限の信頼をあるものとして、それだけを根拠に幻想のように存在しているものを私たちは「社会（society, community）」と呼びます。**もし最低限の信頼がなくなったなら、私たちは「私たちのイメージ」を作り直さなければなりません。もし「あのまっとうな感覚が他者から完全には失われていないはずだ」と思えるなら、私たちはまだ「しゃべること」ができるはずです。

Ⅲ

言葉がもたらすもの

1 言葉が気持ちを作る

これまで「言葉が足りない」、「言葉が出ない」と、残念な状況について話が続きましたが、この第三部では、言葉をたくさん使うとどれだけ良いことがあるかという、やや前向きな話と、言葉を軽視するとどれだけもったいないことが起こるかという「言葉が足りないことで逆に浮き彫りになる私たちの底力」のようなものを示してみたいと思います。「そうなのか。そうだよなあ。そうだよ」と霧が晴れるような気持ちになっていただければ、うれしいのですが、とにかく始めましょう。

◉――感情は実定的に存在するわけではない

多くの読者は、「言葉をたくさん」といったって、一体どうすればいいのかと迷ってしまうかもしれません。たしかに言葉をたくさん使うための工夫や心がけはいろいろですから、そういう話にずぶずぶと入っていくと、なかなか大変なことになるので、ここでポイントを確認してみましょう。ポイントは、**「気持ちにぴったりの言葉をあとから探して体裁を整える」というやり**

方を変えて、「とにかくまずはたくさん言葉を口走ってみると、不思議とできないと思い込んでいたことができていることに気がつく」と考えることです。つまり「感じたもの優先主義」から「言葉を使ってから考える主義」への重点の移行です。じつは、私たちが「できない」と思っていたことのかなりの部分の原因が、「心と言葉の順番を取り違えていたこと」にあったという話です。[*17]

哲学の教員である内田樹氏が、教育論、とりわけ国語教育に関して、まことに膝をポンと叩きたくなるような真っ当な議論をなさっています。[*18] まさに長年私が考えていたこと、「もしかしたらこうなんではないか」とうじうじと蠢《うごめ》いていた沈黙言語に言葉を与えてくれるお話でした。有り難いことです。

私たちは、ある言葉を使用するときに、しかも頻繁にそれを使用するときに、そういう言葉の選択をする「心理的な根拠」があるはずだと思い込んでいます。ある感情を「所有している」から「それに応じた言葉を使う」という順番です。ところが内田氏は若いころ「愛している」という言葉を濫用している自分を省みて、その心の底にある（だろうと思う）言葉の根拠を探してみたら、そこは空洞だったと言っています。だから感情の所有が言葉の選択に先行するというのは

＊17——適用の仕方を誤ると切ないことも起こります。小学校のときに「神童」と呼ばれるほど賢かった女の子が、中学校に入って好きな男の子ができて、「あんまり勉強できると可愛くない女の子と思われるんじゃないかと先回りして」、ちょっとバカな振る舞いとバカな言葉を使っていたら、本当にバカになってしまったという悲しいエピソードなんかに近い話です。

＊18——内田樹『子供は判ってくれない』（文春文庫、二〇〇六年）、『街場の教育論』（ミシマ社、二〇〇八年）

おかしな話で、そうではなくて「愛している」という言葉を口にすると、発話者の身体はその言葉に呼応するように変化していって、フィードバックされて、甘い、優しい気持ちになるという順番であって、じつは内田氏はそうした言葉の効能を愛していたのだということです。

どうして「愛している」という言葉を発話すると身体がそれに反応するのかは、よくわかりません。それは発話者の数だけの多様な理由づけがあるのかもしれません。声帯の振動と脳の運動生理学的関係についてはまったくの素人同然なので、ここには踏み込めませんが、このことは直感的にも経験的にもピンとくる話です。感情が昂《たかぶ》って、思わず（言わなくてもいい）言葉を発してしまうことはありますが、これはその前の話、**つまり「感情が昂る」ことを誘発したものが「君が好きだ」という言葉であるという話**です。何だか気になる人だったが「うーむ、どうやらあの人が好きなのだ」と言葉にしてみた途端に昼も夜も彼女のことを忘れられなくなるということです。

言葉には、自分の中にすでに存在しているいろいろな感情を形容するのではなく、その言葉を口にするまではそこになかったものを「創造する」役割があるのだというのが内田氏のお話です。オフコースという私たちが学生のころよくレコードが売れていたバンドが〝うれしくて、うれしくて、言葉にできない〟という気持ちの悪い歌を歌っていましたが、あれは逆です。「言葉にすれば喜びはもっと豊かなものになる」です。「ねえ、たまには『お前が好きだ』とか、そういうこと言いなさいよ。ったく、ごろごろしてテレビばっか見て、今日はね結婚記念日なのよ。

女の人はねえ、いくつになってもそんなこと言われんのが好きなんだからさあ！」と言われても、「ぐだぐだ言葉で言われなきゃわかんねえのか！　そういうことはなあ、口にするもんじゃねえんだ。いつも心の中でひっそりと大事に温めとくもんなんだよ。おめえはこの文学的な俺の気持ちがさっぱりわかっちゃいねえんだからよ」なんて返すのが、昭和に生まれた**追いつめられた弱い生き物（男子）**の決まり文句ですが、明日からこう考えるのです。「お前を好きだ」と声帯を震わせ、実際に発話すると「……何かあらためて見るとうちの女房はけっこういい女だなあ」という気になってくるのだと（一〇〇％ではありません。いわずもがなですが）。

◉――言葉が気持ちを作る

こうしたことを念頭に置けば、今日の教育問題にも多大なヒントとなります。今日行われている国語教育の中で、内田氏が投げかけているのは、当然「言語表現を豊かにするためのプロセスが逆になっている」という問題になります。つまり、今日の教育ではやはり「心の中にあるさまざまな思い」というものを「いま知っている言葉で表現してみましょう」と導いて言語表現能力を向上させようという順番なのです。しかし、それが無意味とは言わないにしても、逆のプロセスの持つ教育効果というものを再考すべきだと内田氏は主張しています。つまり、意味は完全に理解できなくても、とにかく大量の言葉を頭に詰め込み、子供や学生の成長とともに遡及的に「ああ、あのとき頭に入れたあの言葉はこういう意味でこそ生きる表現となりうるのだなあ」と気づくということの大切さです。つまり、「思い」を「言葉」に昇華させるのではなく、「言葉」が人間の心や認識を「形成させる（shape）」という大切な機能のことです。

　そもそも、「有象無象《うぞうむぞう》の想い」、「言葉にならない心の溜息」といったものが、言語化される契機と過程は、草一本はえていない荒野からいきなり緑生い茂る草原になるなどという魔法みたいな話であるはずがありません。ですから、「そうそう、それそれ！ やっと言葉になった！」という体験は、それなりの量としての言語や語彙をすでに獲得した、ある程度の教育を受けた大人には偶然、ときとして必然的に訪れます。しかし、これは「もはやある程度の語彙と表現パターンを学習した大人」だから訪れるのであって、小学生のような時代に、いろいろ思いあぐねたものが「雲が晴れるように言葉で表現できた瞬間」などということは、思いの部分に拘泥していては訪れるはずのないものです。

　そう考えると、小学校から延々とやらされてきた国語の授業のトンチンカンぶりは、まったくもって困ったものです。言葉のストックがもともと大してない子供に、「作者の気持ちを想像してみよう」と尋ねてどうしようというのでしょうか。言葉の在庫がないにもかかわらず、子供たちは「言葉の媒介抜きにしてひたすら想像行為をする」という超人的能力を発揮するようにせきたてられているのです。[*19] だから、大げさに言えば、言葉のニュアンスは正確にはわからないけれど、豊饒な表現ができるようになるために、とにかく洪水のような「気持ちの言語表現」に触れることが大切ではないでしょうか。「そこはかとなく漂う寂寥感」とか、「後ろ髪を引かれるような気持ち」とか、「忸怩たる思い」、「頂門の一針を受けたような衝撃」といった表現を、「はい、黙って覚えようね！」とやることではないかと思うわけです。しかし、国語教育の専門家たちは「それでは子供の豊かな感性は育たない」と、まったく話がかみ合いません。感性なんて怠惰な言葉を使っていていいのですか。

◉――丸暗記の効用

四国の松山が生んだ俳人の正岡子規のお祖父さんは、伊予藩の有名な漢学者大原観山で、子規は物心ついたころからお祖父さんから漢詩の手ほどきを受けていました。手ほどきと言っても、江戸末期の大学者ですから、赤ちゃん言葉を使って、「幼児にもわかるような説明」などするはずがありません。ひたすら「覚え諳《そら》んじよ！」です。四つや五つの幼児に漢詩を覚えさせる意味が一体どこにあるのかと、現代の人は思うかもしれません。子規も「ほやけど、ほんなガイな漢詩覚えられんぞなもし」と途方に暮れていたかもしれません。そもそも、その詩の解釈や意味すら理解できないような知的レベルの人間にただ暗記させたからといって、それがいったい何になるのかと思うかもしれません。

＊19――その意味では、大学も大学院も行って、どっぷりと学校に漬かってきた私のような大学教員などという種族は、少なくとも高校が修了するまでは、「気持ちを想像しよう」と言いつつ、じつは一つの答えに誘導しようとする、想像力の泉を枯渇させるようなテストを、疑問に感じながらもずっと受けてきて、本当に想像するなどということはせず、「そういうパターンにはこういうパターンで対応すると成績が上がる」というカラクリを見抜き、たちの悪い器用さでこの世界を泳いできた堕落した人間なのです。

でも私は、その後若くして亡くなりはしたものの、正岡子規が革新的な俳句の地平を切り開き、高浜虚子をはじめとするたくさんの優れた後継者を生み出す俳人となることができた決定的な恩恵は、あの大漢学者であった観山の「諳んじよ！」という、有無を言わせぬ教育から受けたものではないかと思うのです。いくら子規とはいえ、幼年時代に漢詩を理解できるはずはありません。しかし、そこで脳に刻みつけられたものは、その後さまざまな感情の旅を続け、おびただしい数の別の言葉との出会いという人生行路によって、ある度ごとに顔出し「ああ、あのときお祖父さんから教わった漢詩のあの一節はこういう気持ちのことを言っていたのかもしれん」と腑に落ち、そうした快感と感動がまたまたフィードバックされて、彼の研ぎ澄まされた言葉を生み出していったということです。

子規は、結核やカリエスに冒された絶望や、肉体にからっきし自信がない坊ちゃん育ちゆえのコンプレックスや、福澤諭吉に感化されて得た「あしら一人ひとりの頭の中を変えて、清国みたいに侵略を受けない日本を作るぞな！」という気持ちを心の中に実定的に所有していて、それを俳句という「言葉」で表現しただけではありません。大量の、とてつもない量の漢詩と教養が子供のころから頭に入っていて、それをその場その場で「使う」ことで、彼独自の感情や精神を形成させていったのです。「心があってこそ言葉がある」ではありません。漢詩が子規のみずみずしい感情を作り上げる「使える、宝のような在庫として」大きな役割を果たしたと思うのです。

◉――バカなしゃべりをし続けるとバカになる

最初に自分の「思い」があって、それを「そのまま言葉にする」のが言語教育だとやってしまうと、「子供がある幼児的な身体感覚にふさわしい幼児的な語（たとえば「ムカつく」とか「ウザい」とか）で満たされたとき、それ以上自分の言語を豊かにしなければならないという動機づけは失われてしまいます」と内田氏は指摘します。[*20] そうなると、それは言葉という容れ物にフィットする中身、つまり身体実感がないという「渇望感」や「希求感」が原理的に生まれにくくなるということであって、そうなれば人間は「世界をもっと知りたい」などと思うはずがありません。もっと複雑な感覚や、もっと深い感動を得られるような刺激とか、ムーブするハートをどうしたら鍛えることができるのかという欲望も希薄になっていきます。原因は、「ウザい」とか「ムカつく」という幼児語でいいことにしてしまったからです。

学食で食べるイタリア風麺類の味がどうであるのかを「このパスタ、チョーうまくねぇ?」、「おお、けっこうクソやべぇよ。安いけど」という言葉以外をほぼ使わずに表現し続け、「単位来た? なんかあの政治学の教授キモくねぇ? 小テストとかもやんねぇし。何か終わってるよマジで。ん? バカちげぇーよ、ほらでっかくてあの頭の禿げた奴」と幼児語をしゃべり続けて生きていき、そういう言葉しか使わない人間と「だけ」つき合い続ける人生を送るとバカになりま

*20――前掲、『街場の教育論』、二四四頁。

す。なんでバカになってしまったかというと、このパスタがどれだけ豊饒な、どれだけ貧困な味なのかということを、たくさんの言葉でああでもないこうでもないとしゃべり続ける親や大人や先輩や友人がほとんどいないところで生きてきたからです。世界には「大人の言葉」というものがあるのだということを知るチャンスは本当はたくさんあったのに、子規のお祖父さんのように「詣んじよ!」と力技で言ってくれる人がいなかったからかもしれません。「チョーうめぇ」とだけ言い続ける人生をだいたい一八年間続けると、もうかなり手遅れで、そのことに気づかないとその後何百年人生があろうと、「目の前のパスタがどれだけ美味で豊饒なものなのか」を表現できる範囲も深度も豊かさも決められてしまうことでしょう。[*21]

そして、(ここからが大切です)そういう言葉以外を一切使わない人間の持つ味覚と嗅覚と触覚と人生観は、微妙な味や匂いや質感や、豊饒なる食事を「言葉で表現する」ことで導かれるかもしれない、「食事—家族—生活—他者—社会—世界—人間—生と死」といったようなもののあり方について、それを感じ、想像する感受性すら永遠に引き出されることなく、磨かれも育てられもせずに、眠るような人生となってしまう可能性があるということです。**幼児語だけを使うと人生が眠るのです。**

どんなものを食べさせても、子供が「味覚の馬鹿者」であり、「微妙で繊細な味つけをわからないアホな奴ら」であり、栄養学的意味以外で、「きちんとご飯を食べないと不幸になる」という人生の真実に未到達である最大の理由はそこにあります。言葉をたくさん知らない子供という生き物は、カレー味とケチャップ味としょうゆ味以外の世界を知りません。「ナンプラーを基礎にした魚類アミノ酸うまみ成分」という言葉も知らなければ、「山椒ベースの中国四川風」という言葉も知りません。もちろん「大分沖で獲れるセキ鯖にワサビを乗せて、身の端っこに香りづけのように醤油をつけ、数回咀嚼してから、しっとりと喉の奥に流し込み、その余韻とともに新潟の八海山をぬる燗で流し込むとき、世界は幽玄につつまれるのです」という、複雑な世界を理解できません。ということは世界のことは何もわからないということです。理由は「言葉を知らないバカだから」です。でもいいのです。子供のときだけの話なら。でもまわりの大人は、たくさん言葉を使って、幽玄の世界について語ったほうが、子供の未来は豊かになるのです。

アメリカのファーストフードを三歳くらいから食べさせられ、「チョーうめぇー!」程度の言葉を親が使い続ける家庭に生まれ育った子供は、絶対に将来有名シェフになんてなれません。ファーストフードを食べさせられたことが問題ではありません。誤解してはいけません。ハンバーガーを食べながら、その「舌が破壊されるのではないかという緊張も含めて経験する微妙な世界」を表現する「言葉」を耳にしたことがない者には、シェフなる総合的な能力を身に着ける「契機」が貧困にならざるを得ないということです。

ですから、逆も言えます。本当に優れた料理人は、ほぼ例外なく「美しい言葉」を使える人で

＊21――勘違いしないでください。この話は昔おじいさんから言われた「ぐだぐだ言わねえで黙って食え!」という王道の道徳律と矛盾しません。

す。このあとすぐに触れますが、本当に優秀なアスリート、本当に優れた芸術家は「ちゃんとしゃべれる人たち」であることがほとんどです。イチローのインタビューからは「ベースボールを超えたベースボールの話」がにじみ出てきます。石川遼君は先日まで高校生だった、大学にも行っていないハイティーンです。思い出してみてください。彼はかなり「きちんと話ができる」一九歳です。そして優れたアスリートです。フィギュアスケートの浅田真央ちゃんとミキティこと安藤美姫ちゃんを思い出してください。真央ちゃんのインタビューでの話しぶりは、その容貌と相まって可愛らしさに溢れていますが、よく聞いてみると「私は、いま話せることについては手抜きをしないでちゃんとしゃべりますから」という、あの可愛らしい顔とは異質の毅然とした態度がにじみ出てきます。スケートの技術的な話になると正確な日本語を使い始めます。きっと、スケート修業も「言葉で確認しながら肉体と対話している」のだろうなと思わせるしゃべりです。安藤美姫ちゃんは、スケートの技術や芸術表現が年齢とともに成熟するのと連動するように、インタビューで「きちんと話ができる大人の女」となりつつあります。外国人コーチとの悪戦苦闘のコミュニケーション経験がものをいっているかもしれませんが。

「豊かな内面を言葉にする」のではありません。**「豊饒な言葉を使うことで豊かな内面と世界を作り上げる契機が与えられる」**のです。「沈黙は金」、「男は黙ってサッポ◯・ビール（古い！）」、「男のくせにべらべらおしゃべりすんじゃねえよ！　噺家じゃねえんだから」ですって？　冗談じゃありませんよ。いい男も女もみんなちゃんとしゃべれる人です。**多くの女の人はとっくの昔にそ**

のことに気がついています。「背中でものを語る」ような高倉健みたいな男子が、いまどきモテてますか。彼女のいる奴って、その多くが「話が面白い奴」じゃないですか。関西では「ええ感じ」の男子は圧倒的に「おもろい子」ですと、**プール女学院の学生**が言ってました。そういう傾向、最近はっきりしてきていませんか？ 異性にモテればそれで万事ＯＫではありませんけどね。

2 言葉で状況を変えていく

◉――一流アスリートと言葉

二〇〇六年のワールドカップ・ドイツ大会終了後、当時二九歳で惜しまれながら引退した元サッカー日本代表の中田英寿選手（以後、多くの人の使う愛称の「ヒデ」とします）は、本当に卓越したプレーヤーでした。彼は、相手がボールをキープしているときにすでに、それを奪い返したあとの味方の攻撃のセカンドタッチぐらいのイメージを作っていたと言われます。ワールドカップなどで見せた数々の秀逸なるプレーを思い返すにつけ、彼が持っている能力は「動物的なカン」や「恐るべき身体能力」というよりもむしろ、何らかの「インテリジェンス」であると感じている人も多いはずです。

他方、もう一人の選手が思い浮かびます。それは、やはりドイツ大会にも出場した元日本代表のキャプテンで、現在もJリーグの神戸に所属する宮本恒靖選手（以後、愛称で「ツネ」とします）です。ツネは、強い心と明晰な頭脳をもって、優れたリーダーシップを発揮し、とりわけ若い選手にとっては、精神的な支柱といってもよい存在です。ドイツ大会では、オーストラリアにたて続けにゴールを決められた際に「頭の中が真っ白になった」と独白していましたが、それは彼のハートが弱かったということではなく、ツネほどの選手であっても、精神のバランスを崩すほど、ワールドカップのプレッシャーが凄まじいということです。彼の強いハートと頭脳についいては、いささかの疑いをもさしはさむ人はいないでしょう。そのことを示す「男も惚れる面構《つら》え」には希望を感じます。

若手の選手はどうでしょうか。注目すべきは、何といっても南アフリカ大会で獅子奮迅の活躍をした、現在はロシア・リーグで数々の猛者たちとしのぎを削る競争をしている本田圭佑選手（以後愛称の「ケイスケ」とします）でしょう。彼のもっとも魅力的な点は、天に与えられた生来のキック力の強さ、体の強さ、そしてハートの強さです。ワールドカップで見せた一本の無回転キックとゴール前の切り返しは、世界の注目を集めました。彼は今後も眼を離せない存在でしょう。

このヒデ、ツネ、ケイスケという卓越した三人の選手に共通する、一つの能力とは何でしょうか。それは、**「言語力」**です。ヒデは、将来海外、とりわけイタリアでプレーすることを夢見て、高校生のころからイタリア語の勉強をしていました。イタリアに渡ったヒデが、あっという間に地元ペルージャだけでなくイタリア人の多くに力ある者として受け入れられた理由は、デビュー戦でのミラクルな活躍だけではありません。中盤の選手としての能力だけでもありません。それは彼がイタリア語でのコミュニケーションの水準を日増しに上げていったことです。誤解してはいけません。ここで言わんとしているのは、ヒデは「外国語を習得する能力が高い」ということではありません。彼が「一流のアスリートというものは言葉をコントロールできなければいけない」という、日本のアスリートがあまり自覚していない大切なことに、自覚的であったということを強調したいのです。このことを説明する前に、こうしたヒデを取り巻いていた不幸な状況について触れなければなりません。そうですあれです。

◉――絶望的なインタビュー

そうしたヒデの能力を逆側から浮き彫りにさせるのが、彼と日本のメディアとのこれまでの関係です。じつは多くの人がもうご存じのように、ヒデの日本のメディアにおける評判はあまり芳しいものではありませんでした。ときとして、彼はぶっきらぼうで、尊大で、わざと空気を読まず、日本のメディア（とくに「マス」メディア）に対する不信を大人げなく示してしまうときもあり、日付と天気以外は全部嘘が書いてあるようなスポーツ新聞には「自己チュー」で「傲慢」な人間として報道されてしまうこともありました。そんなヒデと日本のメディアとのやりとりを見て、非常に印象に残ったシーンがありました。それは私たちがいつも見慣れたシーンであり、相変わらずのやりとりなものですから、とくに意識して見なければ、見過ごしてしまうような、それでいてとてつもなく重要な問題が含まれているシーンです。記憶の失われた部分を補足する細かい点には、ある程度私の思い込みが入っているかもしれませんが、たしか以下のようなやりとりだったと思います。

ある国際試合が終わり、インタビュー・エリアに、その日のゲーム・キャプテンだったヒデが呼ばれました。某国営放送の若手のアナウンサーが尋ねます。

アナ「お疲れさまでした。アジアの強豪を迎えての今日の一戦、いかがでしたか？」

ヒデ「……（やや困ったような間で）？（いかがでしたって……）何がですか？」

読者のみなさんは、このやりとり、同じようなやりとりがこれまで何度もなされてきたのですが、一体ヒデは何に困っていたのかがおわかりでしょうか。別の例も思い出してみましょう。

アナ「決勝点となった、あのシュートを打ったときは、どんな気持ちでしたか？」

ヒデ「（もうウンザリという顔で）やっているときは、肉体が反応しているだけなんで、気持ちとかはとくにありませんけど……」

まだあります。

アナ「来週に控えています、サウジアラビア戦に向けて、一言お願いします」

ヒデ「……（苦笑いしつつ）、とくに言いたいことはないです」

サッカーの実況放送をする一部のアナウンサーの相変わらずのレベルの低さは、本当に途方に暮れるものがありますが、某国営放送のサッカー担当アナは、その中では「山本浩」という稀有なる優れた先輩アナウンサーの指導もあり、それでも相当良いほうなのです。[*22] インタビュー、とくにスポーツ中継におけるインタビューを見ていて、本当にやり切れなくなる最大の理由は、インタビュアーが、話し手から何かを「引き出す」のではなく、**もう当然あるだろうと勝手に判断した選手の「気持ち」を確認するためだけに尋ねる、予定調和を促す、例のあの大雑把な質問**が延々と続くからです。あなたがた（アナウンサー）は、何か新しい発見がしたいとか、選手の「アスリートとしての」（「人間としての」ではありません）固有の魅力をどう「引き出し」たいかではなく、「日本人なら通常こう感じるだろう」という、感情の「レンジ」の枠にあるものを再確認するためにインタビューをしているのですねと、テレビに向かってつっ込みたくなります。

当時のヒデが、旧態依然たる「どこかでもうやったり聞いたりしたことがあるような御約束インタビュー」にいら立ちを隠せない様子を思い出すと、あのときヒデは何を話したく、何を考えていたのかを知りたかったとともに、「こんなことが延々と続く間は、日本のサッカーの水準も、選手の水準も、サポーターとしての私たちの水準も、そしてそれを伝えるメディアの水準も変わらないままだろう」という思いを強くしました。何という**「言葉をめぐる精神の怠惰」**でしょうか。

「いまの気持ちは？」と尋ね、「最高っす！」と返し、「どうでした？」と尋ねられ、「ここまで来られたのはみんなの力です」と御約束を果たし、「抱負を聞かせてください」とお願いされ、「頑張りますので、応援よろしくお願いします」と、もう見なくてもすべて予測できる、本当に言葉をいい加減に、言葉で表現することの持つ、たくさんの可能性を無視し、考えようとも、探ろうともしない、そしてそのことが問題なのだということすら考えようとしない、変わり映えのないサッカー後進国の風景がそこにはあります。ヒデは、そんな厳しい環境の中で、言葉をちゃんと使って、予定調和に身を委ねることなく、自前の言葉と精神で優れたサッカーをする選手だったのです。

◉——大人の配慮

ツネはどうでしょうか。ツネのインタビューを読んだり聞いたりしていて、気がつくのは、彼が自分の考えを述べる際に非常に慎重な言葉選びをしていることです。また、大雑把な質問を投げかけ、自分に寄りかかってくるインタビュアーの安易な意図を「好意の誤解」をも含めて理解

＊22——論外なのは相も変わらず「絶対に負けられない戦いがある！」という愚劣なフレーズを喚き続ける、某民放の残念なアナです。彼は眼の前で起こっていることと基本的に無関係な「歴史」や「情報」を、プレーの大切な瞬間にしゃべり続けています。サッカーを理解していないアナは一般的に「ドーハの悲劇から〇年！」と言いがちですが、彼はその典型です。

して、日本的対話とインタビューが決定的に破綻しないように「大人の配慮」をしているように見えます。ツネは、若いJリーガーだった二〇代のころ、プロサッカー選手でありながら同時に同志社大学の学生でもありました。大学に行っていたからツネが偉いという安直な話ではありません。ツネは、子供のころから各世代の日本代表に選ばれ続けるほどの才能の持ち主でしたが、その立場に埋没することなく（エリートとして選ばれる経験をあまりに小さいときから経ている選手は自分が才能だけでサッカーをやっていることに無自覚で、ほかのことをやろうともしません）、サッカー以外のことを学ぼうとする志を、激しく過酷なサッカー選手としての競争の日々の中で失わなかった、言い換えれば「アスリートとして言葉を手放さなかった」稀有なる選手なのです。

体は大きくありませんし、お世辞にも圧倒的なスピードを持つプレーヤーでもありません。しかし、ツネは抜きん出た「読み」の力と、ピッチ全体を見て、ほかの一〇人のそれぞれの、その場における合理的な役割を冷静に計算できる、「クレバーな視力」、そして何よりもそうした判断をピッチ上で「優れた言葉によるティーチング」によってなすことができることで、これまで数多くの「長身と強い体だけ」でプレーしていたライバルのディフェンダーたちを蹴落としてきました。彼の存在は、アスリートに必要な知力が言葉を媒介にしてもたらされるということを雄弁に語っているのです。大人の配慮ばかりしているところは少し残念ですが、それでもツネの振る舞いを見聞きしていると、彼が将来日本のサッカー界を背負うような有能な指導者になれば（間違いなくなります！）、きっと何か大切なことに近づくような希望を感じます。あのヒデをピッチの上で「言葉できちんと諭す」ことができたゲーム・リーダーは、これまでにツネしかいなかったと私は思います。それだけに、日本のマスメディアを相手に大人の配慮でしゃべり続けなければならないツネの気持ちを想像すると、まことに気の毒にと思うのです。せっかくの能力をそんなくだらない配慮のために浪費しているなんて。

◉——洪水のようなオリジナルな言葉

一番若いケイスケは、大男で溢れ返る、ヨーロッパの多文化状況をそのまま映し出すようなオランダでプレーしてきました。かつて日本にいたときには、「才能に胡坐《あぐら》をかいて、汗かきをしない自己チュー選手」であるとか（日本では、自己中心的であるということへの悪評価は、もはや「呪い」に近いものがあります）、「俺が、俺がと自己アピールばかりで、チームの危機を地味ながら陰で救うような守備をサボっている」と言われたり、たくさんの批判を受けるときもありました。しかし、もはやかなりの日本のサッカー・ファンにはわかってきたように、そういう話は一般論としては意味がなく、ケイスケの置かれているサッカー選手としての立場に引きつけて評価されねばなりません。当の本人は、「俺はここにいるぞ！」ということを、あらゆる手段をもって表現しなければ、あっという間に〝Keisuke? Who?〟とされてしまう海外でのプレーの存在感を維持するために、**「まだまだ全然自己主張が足りひんのとちゃいますか？」**と眼をギラギラとさせているほどのたくましさです。

過日、オランダでプレーしていた日々、ケイスケがほかの選手とのコミュニケーションをどれだけ真剣に行っているかを示すVTRが、あるテレビ番組で流れていました。ケイスケは英語で意思疎通しようとしていましたが、話していた英語は恐ろしくブロークンなものでした。でもそこで驚いたのは、絶え間なく吐き出される、ケイスケの話す英語の言葉の「分量」でした。彼は、オランダでのコミュニケーションを英語ですることにして、勉強を始めたのは海外に着いてからだということです。ヒデのところでも言いましたが、ケイスケが「英語をしゃべっている」から偉いのではありません。オランダに移籍して、サッカー選手として生き残っていかなければならないという現実の中で、「生きるために話す」ということを身につけた途端に、彼のプレーが数段もレベルアップしたという事実を「すごいこと」だと言っているのです。でも、私かられぱこのことは「奇跡」が起こったという話では全然ありません。当たり前のことと言ってもいいかもしれません。ケイスケは、オランダの次にロシアでプレーしましたが、そこでも彼のやることは変わりません。彼は心の中でいつも思っているかもしれません。**「ちゃんとしゃべられへんかったら、サッカーも上手にはなれへんのや」**と。

ワールドカップ・南アフリカ大会での活躍によって、ケイスケがマスメディアによっていろいろな角度から取り上げられるようになりましたが、印象的だったのは子供のころのエピソードでした。ケイスケは小学生のとき友人の家に遊びに行くと、その家のお父さんや大人たちとひたすらおしゃべりをしていたということです。大学で言葉を比較的キチンと使える学生の生立ちを聞くと、そこには必ず「多様な年齢構成」による交際がなされている、地域の町会などで活動していた者たちが多いのです。大人と話し続ける子供は、何かを尋ねられて「べつに……」などという癖をつけるはずがありません。

決勝トーナメント出場を決めた試合のインタビューで、ケイスケは「素直に喜べませんねぇ。まだまだ足りない。満足できません」という、歴史に残る（と私が思う）コメントを発しました。「スタッフも含めたチーム一丸の勝利です」と純日本風優等生コメントをした選手との違いは明らかです。

◉——「言語力」とスポーツの関係

日本のサッカー選手が、海外で活躍し、かつ水準を上げていくことは、並大抵のことではありません。そのために一体どれだけの要素が必要となるのだろうというほど、多様なものが必要なのかもしれません。チャンスのめぐり合わせや運もあるでしょうし、その選手がアスリートとしてピークを迎えるタイミングもあるでしょうし、優れた指導者との出会いや相性なども無視できません。しかし、「言語力」という視点から考えると、そこには比較的明確な、一定の法則があるような気がするのです。

ヒデやツネやケイスケ以外にも、かつては稲本、小野、高原など、たくさんの選手が海外で活躍しましたし、松井や森本、新たに長友や川島が奮闘中です。私が子供のころ「まるで別の惑星での出来事のように」見ていた海外のサッカー（『三菱ダイヤモンド・サッカー』という番組でしか、動くベッケンバウアーやペレを見ることはできませんでした）を思い返すと、とてつもない進歩です。これまでに海外でプレーしたことのある選手の名前をもはやすべて言えないほど、海外でのプレーは目新しいことではありません。それだけに、残念ながら期待通りのパフォーマンスを発揮できなかった選手もたくさんいました。

その際、すべての例でとは言えませんが、海外にまで日本人スタッフを大勢連れていき、彼らと常に行動を共にして、その国の言葉を覚えようとすることをあきらめ（あるいはその気もまったく持たずに）、「俺はサッカー選手だから、ピッチの上でこの体で表現する」などと開き直り、試合のない日には家やホテルにこもり「ウィニング・イレブン」ばかりやっていたような選手たちは、ほぼ例外なく海外での活躍に失敗しています。日本のJリーグの強豪チームの司令塔である某選手など、気心知れた、昔からの仲間の多い、言葉よりも感覚的な結びつきがものをいう場では、優れたパスの配給とゲームコントロールを発揮しますが、知り合いばかりではない日本代表チームの中では、つまり日本語を共有する人々との間ですら、「あまりよく知らない選手」と関係を作るのにひどく時間がかかります。海外での活躍も非常に期待されましたし、技能的には十分にやっていけるものを持っているのですが、実際に移籍してみたところ、チームメイトとも監督ともまったくコミュニケーションできず（というかする気もなく）、まったくと言っていいほど出番も与えられず、実力も評価されず、帰国することになりました。彼の特徴は、インタビューでもほとんどしゃべらず、メディア嫌いで（これは無理もないです。「いつもワンパターンの質問ばっかりで嫌になる」と言っています）、言葉の通じない海外でのプレーに再度挑戦するということをまったくあきらめてしまっているようです。ときとして見せる、優れたパス供給やキラリと光るサッカーセンスは素晴らしいものがあり、個人的には大好きで、もっともっと世界中の人々に彼の実力を知ってもらいたいのですが、他方でやはり思うのです。「奴に足りないものは、練習でも分厚い筋肉でもない。言葉だな。惜しいよなあ」と。

◉――動き始めたサッカー協会

こうした問題について日本サッカー協会もはっきりと気づき、「言語力」とサッカーの関係を意識したコーチング・プログラムが、とくにU―8（八歳以下）やU―10（一〇歳以下）の子供たちの指導のために行われるようになってきました。[*23] 選手たちも海外経験をした者が増えるにしたがって、この問題に気づき始めています。とりわけ、病気のため途中で交代はしましたが、日本サッカーに決定的な影響を与えた**イビチャ・オシム元監督**から教えを受けた選手たちのインタビュー記事を読むと、このことはっきりとわかります。オシム監督は**「なぜちゃんと言葉でや**

*23――田嶋幸三『「言語技術」が日本のサッカーを変える』（光文社、二〇〇七年）

りとりをしないのか」と日本のサッカー界全体にいつも疑問を投げかけていました。オシムがもう少し代表監督でいてくれたらと神様を恨みます。

選手を見守るサポーターも、少しサッカーを突っ込んで見ている人々にとってみれば、言語力とサッカーの関係は、もうそろそろ当たり前のレベルの話です。スタジアムなどでサッカー観戦をしていますと、一つのプレーが終わるたびに、まわりにいるファンたちがかなりレベルの高いヤジや声援を送っていることに気づくのです。「おい！ ちゃんとコーチングしろよ！」、「ディフェンダー！ スピーク！」、「（後ろからマークに）来てるぞ！ 教えろ！」などです。なかには、「あいつ（話題の中心となっている選手のこと）足元うめえんだけど、ちゃんとしゃべれねえからさあ」などと、ピンポイントなことを言っている人たちもいるのです。そろそろみんな気づきつつあるのです（日本のサッカーのサポーターのレベルの高さは、ヨーロッパに決して負けていません。私はそのことをかつて行ったイタリアのローマのサッカー・スタジアムで実感しました）。

サッカーは、バスケットや野球などに比べて、非常に大雑把なルールしか与えられていません。「手を使ってはいけない（ハンド）」、「ゴール前一番近くにいる味方にパスをしてはいけない（オフサイド）」、「接触プレーの際は、ボール奪取という目的がはっきりした動きをしなければいけない（ファール）」の三つです。ということは、選手には相当の自由が与えられていて、とにかく九〇分間で相手よりも一つでもゴールを入れた方が勝ちです。自由であるということは自立した精神と判断力が要求されるということです。刻々と変化する状況に対応しながら、自分の判断で決定をしていかなければなりません。そうした**自己決定を支えるものは、「論理力」と「表現力」と「状況説明能力」であって、そのためには「自分の考えを言葉にする力」が決定的といっていいほど必要とされます。**このような認識が、サッカーを超えて、スポーツを超えてどれだけ私たちの社会に必要なのかは、またあとでくわしく触れます。

スポーツの指導者、とりわけ「世界水準」というものと徹底的に向き合っている人たちには、もうこの認識はかなり浸透してきています。しかし、残念なことに、というか不思議なことに、この問題にほとんど気がつかないまま、大変な影響力を行使している人たちがいます。言うまでもありません。マスメディアのサッカー関係者たちです。

◉――マスメディアの言葉

先ほどのヒデとアナウンサーのやりとりを思い返してください。あのやりとりにつまらなさをまったく感じない人は、もうこの本を読んでいただいてもしょうがないのですが、インタビュアーが「今日の試合を振り返って**どうでしたか**」などという質問をいまだに全国数千万の視聴者と六万人の国立競技場のお客さんを前にし続け、かつ平気でいられるという事実が、この問題の深刻さを表しています。

オシム元監督は、試合後のミーティングで「ボーイズ! 今日の試合を振り返って、**どうかね**」

などと絶対に尋ねますまい。「監督とメディアの役割が違うのだから、メディアがオシムのように言わなくても当たり前だ」という反論が返ってくるでしょうが、私は何もメディアは監督のようなレベルで報道すべきだと言っているのではありません。オシムをはじめとする優れた監督やコーチは、例外なく「言葉を大切にしている」ということを、もっと自覚的に考えてほしいということなのです。これは外国監督だから良いという話でもありません。**元日本代表の岡田監督、ガンバ大阪で長く監督を続けている西野監督**に共通するのも、言葉の持つ力を侮らず、言葉に寄りかかることもなく、それでいて言葉の持つ力に自覚的であり、それゆえどのような愚劣なインタビューに対しても、引きずられることなく知的に対応し、そうした知性がサッカーのコーチングに活かされているということです。[*24]

そもそも「どうでしたか」と尋ねられても、丁寧にものを考えている人にしてみれば、「いやっ、『どう』って聞かれても」と反応せざるを得ないわけであって、それをヒデのように「何がですか（何についての何をお尋ねですか）」と問い返す親切心を持たない多くの人々は、そういう質問を繰り返しされたり、そういう馬鹿げたやりとりをテレビなどで物心ついたころから聞かされたりしていると、だんだん言葉と物事に関する精神が怠惰になるのです。つまり、「何だかよくポイントのわからないことを聞いてくるけど、ようするにいまの気持ちを中らず障らずといったふうに言っておけばいいんでしょ」となって、これまた馬鹿が伝染したような、もう何度も聞いたことがある、そんなコメント何億回聞いてもサッカーを見る目など耕されるはずもない、そもそもサッカーのインタビューである必要もないようなコメントが吐き出されるのです。

「最初は、相手も出てこなくてぇ、中盤もバーっと行けたんですけど、後半相手もガッと来たんで、ちょっとヤバいシーンとかもあったんすけど、ツネさんとかがけっこうフォローしてくれたんで、まあ、勝ててよかったです」

どうですか。もう、こんなの何百回も聞かされたと思いませんか？　おそらくこんな言葉でいつもサッカーを語っている選手は、おそらく一流の選手にはなれないでしょう。本当は、これ以外のやり方を教えてこなかった日本の学校や社会の責任で、こんなふうに語るように子供のころから誘導された、**「気持ちを想像してみよう」教育を受け続けてきた被害者**なのですが、ヒデのようにこのことに気がつく人もいるのです。

視聴者のうちの少なからずの人々が知りたいのは、決してサッカー戦術的にプロのコーチが議論するようなレベルの高い話ではありません。たとえば「格下相手の試合だったから、失点を恐れた相手は引き分けの勝ち点狙いで、九人で引いて守っていたが、そういう状況では単純なクロ

＊24———岡田元監督のインタビュー・コメントが、年々面白くなくなっていく理由は、彼自身のメディアへの絶望が高まり、自分と家族を守るために、極めて政治的に無味乾燥というか、無難なコメントをせざるを得ないからであり、決して彼が言葉に無頓着であることが原因ではありません。優れた言葉を用意している彼の「無難なインタビュー」の中にも、注意して聞いていると、ところどころに「知的なアイロニー」やサッカーの本質に迫るコメントが散りばめられていることに気がつきます。

スボールを入れるだけでは点も取れない。にもかかわらず、何の工夫もなく単調な攻撃に終始したのは、個の能力の違いに起因することなのか、それとも事態を創造的に打開していくための言葉が、ハーフタイムや試合の最中にコーチから与えられなかったからなのか」程度のことです。**気持ちではなくて、「意図」や「論理」や「評価」に及ぶ話でないと、話が「人間・宮本恒靖」になってしまい、それはサッカーの話ではなくなってしまいます**。

サッカーを知らない人にとってはやや話が難しくなっているかもしれないので、もうすこしシンプルに提案してみましょう。たとえば、試合終了後のインタビューでは次のように聞いてみてはどうでしょう。

「後半35分に交替出場しましたが、一点リードをしている状況で、あなたに期待された役割は**何だったのですか**」

「暑さで、相手チームの守備陣の足が止まっていたのに、得意の速いパス回しをしなかったのは**なぜですか**」

「右サイドから中に絞って（内側にコースを変えて）得意の左足でゴールの右隅を狙うパターンはキーパーに読まれていましたが、それをやり続けた**理由は何ですか**」

「疲れてきた相手が後半汚いファールを繰り返しましたが、心を平静にするために**どのように**自分をコントロール**したのですか**」

「終了間際にキーパーと一対一になりながら自分でシュートを打たなかったのは**なぜですか**」
「ボールを奪取した直後、パスの出しどころがなく、攻撃が活性化されなかったのは、ボールのないところでのあなたの動きが緩慢だったからのように見えましたが、ほかに**意図があったのですか**」
「延長後半に、残り五分で一人退場になり九人になったとき、ゲーム・キャプテンは円陣の中で**どんな話をしていたのですか**」
「リードしながら、終了間際の六分間にたて続けに三点も失点したわけですが、こうした失敗が繰り返されないために、具体的に**どのような修正が必要だと思われますか**」

ここにいくつか示した質問の例は、海外のサッカー・ジャーナリストがテレビで、人々が試合翌日の街のカフェで、まったく普通にしている程度のものです。そして、ここに共通していることとは何かと言えば、**「サッカーそのものの話」**をしていることです。そして、「気持ち」ではなく「意図」や「論理」を尋ね、「評価」をし、それらを話題にしていることです。サッカーの話をしなければ、全体としてサッカーの水準は上がりません。あたりまえじゃないですか。

残念なことに、サポーターや視聴者のレベルの高さをきちんと評価しない、サッカーのプロ化実現から二〇年近くになるのに、この期に及んであまり成長のきざしを見せないマスメディアのサッカー報道は、相も変わらず「視聴者のレベルなど所詮低くて、この程度だし、時間もないし、はい、いつものパターンで無難にやり過ごそう」とばかりに、ひたすら「どうだったんですか」、「あのときはどういう気持ちだったんですか」と尋ね続けます。酷くなりますと、「先月亡くなったお母さんの姿がちらついたんではありませんか」などという、サッカーと何の関係もない質問を、かつ相手の気持ちを安易に予測して（これほど人を軽んじる態度はありません）、「確認するかのように」尋ねるだけです。そして、こんなインタビューのあと、おそらくこのアナは「いい仕事をした」と本気で思っているかもしれないという、呆然とするような事態が、代表チームがワールドカップに何度も出たことがある今日、いまだに続いているのです。

先述のオシム元監督は、「今日の試合の**感想をお願いします**」という、典型的な日本の記者の質問に対して、**「何をお願いするのですか。ここは教会ではないので、何かをお願いするのはやめてほしい。私が何かを言うのを待つのではなく、まずは記者のみなさんが考えてほしい。私が逆に聞きたいぐらいだ。私は何が起こったか全部知っている」**と答えました。つくば言語技術教育研究所の三森ゆりか氏は、議論を通して「テクスト分析」を普通にする環境で育った人（オシム）にとっては、こうした反応をせざるを得ないのは当然のことだと指摘します。[*25] こうした反応に加えて、かつてオシム氏は、ここで私が言いたいことをピンポイントでメディア相手に過去すでに発言しています。初来日の東京五輪（オシム氏はかつての東京五輪のユーゴスラビア代表選手）から四〇年経って日本のサッカーはどのように変わったかと問われて、**「大きく成長を遂げていると思う。だが問題は、君たちマスコミだ。四〇年間、まったく成長していないのでは？」**

と答えました。[*26]

◉――旧態依然こそ大切な例外的競技

一体何をそんなに残念がっているのかと、私に対して訝《いぶか》る読者の方もいらっしゃるかもしれません。「たかがサッカーの話じゃないか。お前さんがそこまでサッカーを好きなのはわかったが、それはあんたの思い込みであって、脳みそまで筋肉のスポーツ選手なんて、みんなそんなもんだよ。それをわかって、みんな見てるんじゃないの」と諫《いさ》める姿が目に浮かびます。もちろん、そういう面もあります。いや、というか正確に言うと「そういうことでもいい」、もう一歩進むと「そうでなきゃならない」競技もあります。たとえば、大相撲です。「そんなもんでいい競技」ベスト・ワンのスポーツです。ちなみに私は尋常ではないレベルで大相撲を愛しています。

　私の考えでは、相撲の世界では「亡き父に誓った優勝!」でも「妻よ、ありがとう! 再起を支えた夫婦愛と涙の敢闘賞!」でも、まったくかまいません。その最大の理由は、相撲が**「興行」**だからです。興行とは、別の言い方をしますと「見世物」です。「ついにアマゾンの奥地で発見されたアメリカ・イタチを本邦初公開!」と銘打って、昔浅草の見世物小屋では客寄せをしてい

*25――テクスト分析とは、言葉を厳密に読みながら証拠を上げて論証しながら読解をする読書の方法で、解釈のブレを議論によって詰めていくから、相手の説明や意図が不明なら徹底的に質問していくものです。いわゆるクリティカル・リーディング(批判的読解法)のことです。日本以外の世界の学校では幼児期から標準的な言語技術教育方法として行われています。

*26――三森ゆりか『考える力はサッカーを変える』(ベースボール・マガジン社、二〇〇九年)

たそうです。「木戸銭（入場料のこと）たったの五〇銭！」などと看板に書いてあって、それに騙されてお金を払って小屋に入ると、小さな板に墨で「ち」と書いてあったという、あの話です。そして、ここからわかるように「見世物小屋」という名前の語感には、ある種の「いかがわしさ」と「人生の真実などとは無縁な嘘」と不思議な非日常劇場の怪しい光が含まれています。つまり、嘘でもよい、それである種のエキサイティングなものが得られれば問題なしというわけです。

相撲ファンの人は、こんなことを言われたら怒るかもしれません。「相撲だって立派なスポーツだ。それが証拠に千代の富士は国民栄誉賞をもらったし、年に一度は天皇陛下が必ず相撲を見にこられるじゃないか。この非国民！」と。もちろん、まさか私だって、板に「ち」と書いたインチキ見世物小屋と相撲が同じレベルの「見世物」、「興行」と思っているわけではありません。しかし、相撲をめぐって度々「八百長」が問題になりつつも、「それを本気で追及するってえのも、ヤボ天っつうもんでさあ」という気が起こるのは、私が相撲に求めているものが、公正さや誠実といったようなものではないからです。私が相撲に求めるのは、**「形式美」と「嘘のような嘘が本当のように見える超絶的パワーと肉体を持つ力士たちの肉と骨が軋むような姿そのもの」**だけです。つまり、目の前で起こっていることが、人間業《わざ》としては信じられないものだという感覚を受け取るためになら、ある程度のコストを負担する（木戸銭を払う）用意があるのであって、そこに求めるものは、それ以上でもそれ以下でもないということです。だから力士のことをお相撲「さん」と敬意を持って呼ぶのです。

ですから、千秋楽の取組に**どうしてこんなにたくさんの七勝七敗の力士たちがいるのか**といった疑問や、前頭上位の力士たちは体の艶もよく力もありそうなのに、どうして無気力な相撲を取り続けて、**微妙な「四勝一一敗」**で場所を終えるパターンが年に一度くらい必ずあるのだろうという不思議議感を持っても、それをはっきりさせたいとか、明らかにするつもりなどさらさらなく、それよりもテレビに向かって「おいおい、もうちょっと上手に負けなきゃダメだろよ。まだまだ修業がたりねえなあ、こいつも」などと言っているのです。もし相撲界に文句を言うことがあるなら、それは「八百長をするな！」とか「公平な取り組みをしろ！」ということではありません。興行というものへの最も適切な不満とはたった一つです。「なんか、おもしろくねえぞ！」です。

力士に対するインタビューも、永遠のワン・パターンこそ求められます。横綱を破った金星インタビューも、興行としての面白さというところにポイントがある以上、別に「相撲の本質」に迫るようなものである必要はありません。

アナ「やりましたね！」
力士「ごっつぁんです！」
アナ「勝った瞬間の気持ちを聞かせてください！」
力士「何だか、無我夢中でよくわかんなかったっす」

アナ「（まあ、そうでしょうね）立ち会いのすぐあとに、うまく右が入りましたね」

力士「そうっすか？（全然自分では気づかなかったっす）とにかく、親方からは前へ前への気持ちって言われてましたから……（ゼイゼイと荒い息づかい）」

アナ「明日は、また大関との対戦ですが……」

力士「一日一日頑張るだけです」

二〇〇キロにも迫らんとする大男であり、二一世紀のこの世の中にあって髷《まげ》を結い、体の九〇％ぐらいを裸でさらし、ものすごい音をたてて、頭と頭でぶつかり合っても、びくともしない奇跡のような人間が、そのくせ赤ちゃんのような可愛らしい笑顔で恥ずかしそうに素朴な言葉でインタビューに答える姿は、もうそれだけで**「すげえもの見てるな、俺」**という気持ちにさせてくれます。逆に、弁舌さわやかに、微に入り細を穿って取り組みの分析を解説してくれるような力士が出てきても、何かこう鼻白む感もあります。[*27]

過日引退した朝青龍に対しては、やはり毀誉褒貶《きよほうへん》ありました。多くの古い相撲ファンは、彼に対して苦言を呈するような物言いも多かったものです。興行としての相撲は、偉大なるワンパターンが必要という面があります。横綱というものは、勝っても負けても表情一つ変えることなく、**動く彫刻**のような存在でなければなりません。ところが、ひたすら相撲が強いという点以外のところで朝青龍は、従来の横綱のイメージをことごとく覆すような存在でした。勝っても負けても表情に出し、仕切り後の時間いっぱいになれば、これ見よがしに自分のマワシを大きな音をたてて叩き、当初は「左手で」手刀を切り、御存知のように大一番で勝利すれば、禁断のガッツポーズです。

私の子供のころには、**大鵬という「面白くもおかしくもないが、ひたすら負けない」横綱**がいました。「右四つ」という必勝の組み手があり、大鵬が左手で上手を掴むと、あとは時計が止まったように「寄り切り」で勝負がついてしまいます。得意の上手を取った途端、蔵前国技館にため息が洩れるような横綱は、大鵬のあとには、北の湖以外に記憶がありません。そういう横綱を「オーセンティックな（正統派の）横綱」と思っているファンが大部分を占めている時代には、朝青龍は興行上あまり歓迎されません。しかし、他方で朝青龍は「ヒール（悪役）」としての人気もすごく、「あの逸脱した感じと反省のなさがたまらない魅力だ」というファンもかなりいて、興行とはつくづくいろいろな人々の好みによって成立していることがわかります。でも、結局のところ、どちらでもよいのです。つまりそれは、その時代の、この興行を愛する人々が決めればよいことですから。

＊27――過日賭博で解雇された元大関などはパソコンおたくで有名でした。でも「あんなでっかくて強い大関なのに、パソコン『も』できるんだぜ。すげえ！」という反応もできる、本当に楽しい興行なのですお相撲は。

話をサッカーのインタビューに戻します。先月亡くなった母さんが天国で見守ってくれていて、死ぬ前の病床ではかすれた声で「点取ったからといっても、試合に勝ったからといっても、サッカーができる幸せと、あなたを支えてくれている人たちへの感謝の気持ちを忘れちゃだめよ」と言ってくれたことも、お袋が今日の試合で「俺に力くれたんですよ」という話も、ハート・ムービングなエピソードです。人間中年を過ぎると涙腺がひどく緩み、思わず涙ぐんでしまったりして、恥ずかしくて困ります。嗚呼、やっぱりこの世界で一番大切なのは母さんだなあ……などと。

◉——言葉を二の次にすることで失われるもの

し・か・し、です。申し訳ありませんが、そんな記事は、サッカー報道を通じてサッカーを企業の広告塔ではなく地域で支え、かつ地域を支えるスポーツ文化として成熟させるために（Jリーグ一〇〇年構想！）、そしてそのことを通じて、政治や地域に関わる重要な決定や判断をお上にお任せしない人々が一人でも多く育つ、総体としての市民文化のための条件とはならず、逆に足を引っ張ることになります。「難病の妹に誓った逆転のゴール」という話も、「ドーハの悲劇を乗り越えて」というチープな枕詞で言われる復讐チャレンジも、サッカーの話とはおおよそ無関係な「汗と涙の日本人の物語」も、地域社会を自立的に発展させていく障害にこそなれ、その文化と社会の成熟におそらく何の貢献もしません。しつこいかもしれませんが、理由をもう一度繰り返します。そこには「サッカーとは何か」という、この素晴らしいスポーツの本質にかかわるものが何も登場しないからです。そういう言葉を使って、サッカーを語るジャーナリストが本当に少ししかいないからです。*28

日本のスポーツ・マスメディアの多くが、正しい意味としての「ジャーナリズム」ではなく、「日本人の物語」をひたすら再生産するマシーンと化している**「大人のおもちゃ」**であるというのは、そういうことなのです。ワールドカップやオリンピックといったビッグ・ゲームの翌日のスポーツ新聞を思い出してほしいのです。そこには、ほぼ間違いなく**サッカーそのものの話**は書いてありません。そこあるのは**「私たち日本人の、例の、あのお話」**です。そして、そのことに文句を言う人たちは圧倒的なマイノリティです。

そういう記事を読み続け、あのようなインタビューを聞き続けるとどうなるのでしょうか。なされているのは、新しい何かを説明してみせる、そこから「人間の精神と肉体の間で生まれる奇跡のようなもの」を見出そうというクリエイティブな探索ではなく、「何度も確認される例の話」です。そして、こういうことが延々と続く中で、日本のサッカーは延々と世界の三流のままで居

*28――日本についに本当のスポーツ・ジャーナリストが生まれたのだなと思えるような書き手の多くは、ほぼ「サッカー」ジャーナリストです。野球ではありません。「世界水準」というものを客観的に設定できない新しいスポーツである野球は、アメリカ以外ではほとんど「野球そのものを語る」文化が形成されません。ですから、野球の本は、ほぼ例外なく「野村克也が切る：組織と人間教育」みたいな話になってしまいます。野村さんが語るとそれはそれで非常に含蓄があり勉強になるのですが、野球そのものの話ではありません。でも野村さんは自らの経験から、野球そのものというよりも、「野球を通じてわかった人生に必要なこと」を伝えたいと、はっきりさせているのですから、それでいいのです。

続けるということです。

踏み込んで言ってしまいましょう。日本ではサッカーが行われ、それを見ている人はいるが、そこにはサッカーそのものを語る人は一部しかおらず、それを豊饒に語る新しい言葉もまだそれほどたくさんは存在しないのです。新しい言葉が必要とされない、絞り出すような言葉が生み出されない場に、優れた文化が成熟するはずがありません。こうした中で失われるのは、**「言語力そのもの」**と**「言語化する欲求」**と**「言語を通じてこそ強められる知的かつ快楽的な経験」**です。この三つが希薄となるところで、国で、そして世界で、どうして強いサッカーチームが生まれましょうか。日本のサッカーが望むべき場所になかなか行き着けないのは、体が小さいからでも、アフリカの選手のような「身体能力」がないからでもありません。ジャーナリズムが（もちろん選手やファンも）サッカーのことをまだまだ豊饒かつ適切な言葉で語り足りていないからです。多くの人間に影響を与えるマスメディアがこの点についてもっと強く意識を高めてくれないと、現在も地域で地味ながら懸命に指導をしている人々の努力が報われにくいでしょう。それだけマスメディアには大きな責任があるということです。

元イングランド代表のベッカムは、"It's fine day, today"を「イッツファイン**ダイ**、トゥ**ダアイ**」と発音する、イングランドの「あまり高い教育を受けていない」典型的なアンちゃんです。でも彼は「俺が取った点ていうかぁ、みんなのおかげでとれたんでぇ……また応援よろしくっす！」などという**「言語技術教育を受けられなかったために心と言葉の怠け者になってしまった日本の**

子供」みたいな言葉でお茶をにごすようなことは絶対にしません。クィーンズ・イングリッシュ（人品卑しからぬ紳士・淑女が使う「あ、この人は高い教育を受けているな」とすぐわかる人の英語）ではありませんが、彼はおそらく次のような論理的なしゃべりができるはずです。

「前半の終りぐらいのよお、真ん中からのスルーパスの意図はさあ、なんちゅうかさあ、ありゃ左からルーニーが顔を出せば絶対抜けるってえやつよ。奴は眼で合図してたしよ、相手の背番号4番が右足を引きずってたべ？　つまり左に体重がかかってんだから、反応が少し遅れるちゅーわけよ」（空想ゆえ英語は省略）

でもベッカムのそういうところじゃなくて、「髪型（ベッカム・ヘア）」の話を延々とし続けるのが日本のマスメディアです。成長しつつある読者とスポーツファンを侮らず、旧態依然のモードと言葉を再考し、当初は売り上げや部数を伸ばせないかもしれませんが、サッカー・ジャーナリズムが成長するということがどういうことなのかを淡々と議論すべきときが来ていると思うのです。

現場で頑張っているマスメディアのみなさん。本当は、もうお気づきなんですよね。サラリーマンは、いろいろな矛盾の中で仕事をこなさなければならないものです。でも「数字がとれる」という基準以外の「何か」がなくて、職業を持つ人間の一生とは何なのか。みなさんが優れた、えぐるような言葉をたくさん絞り出せば、優れた言葉は必ず読者やサッカーを愛する者たちの果実となって社会を豊かにします。一緒に頑張りましょうよ。

3 言葉と芸術

◉――写真作品を創るということ

私は、子供のころから写真撮影を趣味としており、仕事の合間をぬって写真作品を制作しています。本業多忙の最中、何とか作品をそろえて、ここ何年も月刊誌のコンテストなどに応募して、趣味とはいえいささかまじめに写真ライフを送っているつもりです。長いこと趣味を続けてきた甲斐もあり、いくつかの作品が入賞などして、「写真作品とは何か」というテーマに、それなりに真剣に取り組む動機づけを与えてもらっています。好きな趣味があるというのは幸福なことです。

写真というものは、その原点に「記録する」という目的があります。一瞬のうちに消え去ってしまう人生の場面を、その儚い時を、かつてはフィルムに、今日は0と1でできたデジタル記号に刻印しておくものです。発達したテクノロジーのおかげで、ある水準以上のレンズとフィルム、受光素材と正しい設定さえあれば、今日写真は客観的に写ってしまいます。

しかし、記録と同時に、写真は広大無限なる世界の部分を切り取るという作業（分節化）でもります。世界を写し込むというよりむしろ、世界を切り取る、しかも、その切り取り方は撮影者がひたすら独断的に決めることができます。その意味で、写真とは世界を極めて恣意的に切り取り表現できる、非常に主観的な作業でもあるわけです。

ですから、写真を撮るといっても、そこには「ただ記録する」という面と、「ある意図と撮影以前にもくろんだお手本イメージを合わせて」何かを表現する、すなわち「作品として」撮るという、二つのやり方があることになります。「ただ撮る」のと「意図を持って撮る」のは、同じシャッターを押すという肉体動作上はまったく同じ行為ですが、出来上がるものはまったく別物となります。

もちろんすべての芸術における作品というものは、作り手の主観的な意図によってのみ成立するわけでなく、それを見る側、受け取る側との関係があってこそ成り立っています。どれだけ意図を込めて作品にしようと、ある絵画が作者の描いたものとは違って、「子供の悪戯で紙に絵の具がたれてできた偶然の色彩による抽象物」と受けとめられたら、そしてその絵を見たほとんどの人々が、その絵から何の感動もメッセージも感じることができなければ、その作品は「そういうもの」の域を出るものとはなりえません。でも、作り上げた作品が、見た人全員から同じ反応しか得られないとするならば、それはもはや芸術作品というよりも、誤解なく意思疎通をすることが可能となる、「意味のふり幅を極限まで限定した記号」と同じ機能を果たすだけのものとなり、客観性は高まりますが、そもそも芸術としての存在意義を失ってしまうでしょう。

ですから、写真作品というものは、作り手のわがままな感覚だけでも成立しませんし、誰が見てもそこで起こっていることの最大公約数的メッセージだけを盛り込んだものでもダメだということです。このバランスは本当に難しいもので、私はこのあたりのでき具合で日々悩み続けていますし、そうした悩み自体が作品制作の苦しみとともに喜びでもあります。

◉——「不思議ちゃん」の撮る写真

自分だけで、一人ニヤニヤしながら（？）作品制作をするのものいのですが、やはり他人が撮った作品も見てみたいし、何よりもお互いの作品について、ああだこうだと話しながら、一杯呑むことは楽しいですから、友人のプロ・カメラマンと一緒に、作品を持ち寄って論評・講評するサークルを数年前から立ち上げました。写真作品に関しては、上手いとか下手ということは、本当はいくつかの限定条件をつけなければ言えません。とりわけ、一定の条件の下で作品に不可欠な要素というものが相対的にきちんと決められている分野（風景写真、植物などのマクロ撮影作品）ではともかく、世界を無造作に切り取るスナップの世界では、元々がプロもアマチュアも区別がありません。展覧会やコンテストなどでプロ顔負けの作品が並ぶことはとくに珍しいことではありません。このことは、写真作品制作を非常にエキサイティングなものにします。

撮れてしまう以上、私たちのサークルでもときどき「うーん」と唸ってしまうような写真に出会うことがあります。過日、ある二〇代の女性メンバーが提出してきた作品を見て、私もプロの友人も「やられたあ」と思い、彼女の持つ独特な写真タッチに当初は素直に「いいなあ」と評価をしていました。彼女の作品に登場するのは、公園とそこにいる老人という、特別な被写体でも何でもありませんでしたが、そのアングルといい、構図のバランスといい、つまりその切り取り方は、私や友人なら絶対にやらないやり方なのです。長年スナップを撮り続けて、何万回もシャッターを切り、何千枚もプリント作業をしてくると、いくら世界を自由に切り取るといっても、そのやり方にはある程度のパターンや文法のようなものがあることに気づいてきます。たとえば、被写体の中でも、最も中心的存在であるものを構図のど真ん中において構成するパターンは、初心者がよくやるもので、「日の丸写真」と呼ばれ、写真教室などでは「なるべく避けましょう」と指導されるものです。また、構図も縦・横に三分割して、その割合で決めるやり方もありますし、最も強調したい、あるいは見る人の視線を最初に引きつけたい部分を明るくかつビシッとピントを合わせて撮るといった定番の御約束というものもあります。

シャッターを切る度に、ヒット率一〇〇％で常に「誰もが見たことのないような写真」を撮れる天才でない限り、そうした文法や御約束をある程度念頭に置いて作品制作をしなければ、撮影者の意図と情感が伝わりにくいのです。もちろん、こうした決まりごとはあくまでも「ある程度」なのであって、文法なんて写真には関係ないという態度を貫くなら、それはそれで自由だというのが、いわずもがなの芸術の世界です。[*29]

彼女の持ってくる作品は、常にそのような、良い意味でのワガママさに溢れていて、私も友人も「何億枚撮っても、私たちが到達できない、ある種神様の与えたポイントに最初からいる人」なのかもしれないと思ったりもしました。つまりは天才です。使っているカメラは、四〇年以上も前に発売された廉価な入門機で、レンズにもカビが混じっており、中古屋なら三〇〇〇円くらいで買えるものです。そんなお父さんからもらったカメラに、モノクロ・フィルムを入れて、「不思議ちゃん写真」を撮ってくるのが彼女でした。

彼女は、キャラクターそのものも本当に「不思議ちゃん系」で、呑んで話をしても明るいのですが、返ってくるリアクションが独特で、結局何が言いたいのかさっぱりわからないのです。それでも我らおじさんたちは「私たちの想像を超える何かがあるのだろう」と納得して（したふりをして）、これまで楽しくつき合ってきたのでした。

私　「今日見せてくれたさあ、ほら、あの公園にいるおばあちゃんの写真さ、あれ、作品のタイトルつけるとしたら何になるの」

不思議「うーん。どうだろ？」

私　「いや、まあね、写真だからタイトルをあまり説明的にするとよくないのはわかってるけど、こっちとしてはさ、どうして数あるカットの中から、あのカットをプリントして作品にしたのかを知りたいわけよ」

不思議「……うーん、なんかぁ、これかなって感じ？」

私　「まあ、そうそう、感じは感じなんだけどさ、だからどんな感じなの」
不思議「ジ・オバアチャン！　みたいな感じ？」
私　「……」
不思議「あたしの言ってることとって、変ですかぁ？」
私　「別に変ていうことはないけど……（もういいや）」

写真サークルなのですから、つまり学校じゃないわけですから、基本は「変な（オモロイ）ねえちゃんやなあ」くらいに思って、「それにしても、ありゃ何を意図した作品なのかなあ」と、謎の迷宮に入っていき、いつか忘れてしまうだけです。だからこそ、こういうサークルは楽しいという面もあります。こちらの写真を見ても、「岡田さぁーん、マジこの写真チョー受けるぅ！鳥居の下で笑ってる子供の顔が、水たまりっぽぉーい！」とまったくもって「独特の感性」とやらです。人の顔が「水たまりっぽぉーい」のか。まあ、おもしろいけど。

＊29――梅佳代という女性写真家は、こういう意味での天才です。『うめめ』（二〇〇六年）、『男子』（二〇〇七年、いずれもリトル・モア）という写真集は衝撃です。

◉——ダメになっていく作品

彼女の写真の撮り方は次のようなプロセスを経ます。「街を歩く」→「おもしろいと感じた」→「センスに任せて構図を決めシャッターを切った」→「ネガのコマを見て、センスに任せてチョイスした」→「試しプリントをして、黒の調子を見て、センスに任せて本番プリントをした」→「何かこんな感じっていうかぁ」と講評会に持ってきた。こうした一連の作業は、こうして書いている私と基本はさほど違うものではありません。にもかかわらず、彼女のものと私のものとは、出来上がり作品として、どうしてこうも違うのでしょうか。彼女の溢れる独特のセンスなのでしょうか。不思議ちゃんセンス……。私たちは、通常ここまで考えたあとに、説明不能なことを「センス」であるとか「感性」などという大雑把な言葉に押し込めて、**「まあ、センスの問題だから」**としてしまいます。つまりは、自分と不思議ちゃんセンスを持った彼女とのセンスの違いなのだと。

しかし、ここで話を終わりにさせてしまうと、何のためにこの本を書いているのかがわからなくなります。**やはり話を止めてはいけないのです。**彼女の写真作品は、最初のうちは彼女の愛すべきキャラクターと相まって、好意的に受け取れるものでした。プロの友人もニヤニヤ笑いつつ「またまた卑怯な写真撮ってきたのぉ」と、なんだかんだでポジティブな評価をしていました。しかし、枚数を重ねていくとだんだんとその評価も変化していきます。最初は、不思議なセンスという言葉の範囲内にあって、おもしろいと思われていた作品は、どんどんダメになっていったのです。「不思議なセンス」に任せて作られた作品は、シンプルに言ってしまえば、だんだんと「ワケワカ写真」(「わけがわからない」写真)となってきてしまったのでした。

芸術やあらゆる表現において、私には人にどれだけ「古臭い」とか「保守的」とか言われようとも、どうしても考えを変えられない原則があります。それは**「極私的なるものをとことん突き詰めていった地平には、必ず普遍的なるものが見え隠れしている」という原則です。**言い換えると、個別的な、世界に一つしかないものを、つまりそのほかのものとの代え難さや希少性や一回性をとことん追求すれば、そこには世界の全体と共有できる地平が見えてくるという、客観的法則というよりむしろ、「精神態度」に近いものです。そこに到達するはずだという、誤解を恐れずに言えば「信仰」に近い思いがあるということです。

芸術とは、既存のものを破壊することをも含めて、あらゆる意味での「美しきもの」の探求なのであり、それは同時に何らかの「衝撃」であり、名づけようもない「事件」であり、そして何か蠢く「生」であり「死」なのですから、普遍などという「神の特権」などどうでもよいのだ、この保守主義的原理主義者め、と面罵されようと、何と言われようと、私たちは「関係としての生」を生きている以上、何ら普遍性を感じようもない、ひたすら「わけのわからないもの」を通じて、芸術を享受することはできません。というより、それはただの「ナンセンス」であると思うのです。こうした気持ちは、人間の持つどうしようもないわがままな気持ちや表現を徹底していけば、そこには必ず共有可能な何かが浮上してくる「はず」だという、私自身の持つ、人間に対するエロス的感情です。だからひと目ではピンとこない作品も、その作者の作品を大量に見ていくと、そこに何かが浮上してくることもあるのです（いうまでもなく浮上しないときもあります）。

◉——感じたものはそのままでは感じたものにすぎない

写真作品にも同じことが言えると思うのです。不思議ちゃん写真を最初に見せられると「うーん、やられたかもしれない」などと思うのですが、偶然の新奇さや奇を衒ったただけのものと、徹底したエゴと無軌道な生の表現の彼方で遭遇する「何か」とは、やはり何かが異なるのだと思わざるを得ません。もっと言えば、そこに強引に線を引かなければ、私たちは芸術表現の評価などできないでしょう。「見たものを見たままに感じよう」などと、小学生に教える美術教師ほどイカガワシイ者はいません。もし個別性というものの存在し難さに悶え苦しむ経験をし続ける現役の表現者なら、美術教師はそんなマヤカシのようなことを言えるはずがないのです。

不思議ちゃんの作品がワケワカになっていったこと、それ自体は本当は良いことでも悪いことでもありません。結果として、ワケワカ写真を大量に生産してしまうのが私たちマヌケなフォトグラファーなのですから。そのこと自体に関しては、人のことは言えません。問題は、そのことを表現者として本人がどう認識しているかなのです。ようするに、「なんだかよくわかんねえなあ、最近の君の作品は」と言うと、やっこさんは「そうですかぁ？　でも、あたし自身もよくわけわかんないんですよぉ」と、何やら「うれしそう」に言うのです。心の素直さをときとして失うことが多い私は、彼女があたかも不可解かつ不思議な作品を作り続けること自体をよいことであるかのように思い込んでいるのではないかと訝ってしまいます。でも、もし本当にそうなら、もはや作品としては評価する気持ちはなくなってしまいます。なぜならば、それには「そういうものはどうやら受けが良い」という「政治的な判断」が強く介入してくるからです。コンテストに入賞するためには、ややそれに似通った政治的判断が必要となったりもしますが（講評者の好む作風を考慮するなど）、それだって「政治」が活きるステージまで持っていく、表現としての地力と基盤がなければなりませんから、ただ「こんな感じなんですけど」と言われても、もはや私たちは写真を撮り、眺め合いながら生の享楽を共有するという贅沢な時間を過ごすことはできません。**「つまんねえんだよ。こんな写真」**と言ってしまうまで、もうあと一歩です。

◉――もっと言葉を

しかし、写真も、写真を撮る人間も、写真を語る人も愛して止まない私は（ついでに言いますと、写真を撮る「道具」＝カメラ自体もオタク的に好きな私は、その置き場に苦悩しております）、くじけることなく尋ね続けるのです。「この作品を説明してくれないか」と。この写真を作品にしようと決断したときに何を考えていたのか。シャッターを押したときに出来上がりのイメージはできていたのか。それをカラーフィルムで撮ったらどうなっただろうかと一回ぐらいは頭をよぎったのか。**「初めて見た懐かしさ」**という言葉にピクリとくるのか。トリミングしてスクエア（正方形）にしたら主題が活きてくるとは思わないのか。そうそう、主題とまでいうほど大仰なのは困るけど、この作品が示す**なんらかの「こと」**を言語化すると何になるのか……。

彼女の写真作品そのもののワケワカ度よりも切なく哀しいのは、そうした私の言葉に対する彼女の反応がほとんどゼロだということです。そんな、それこそワケワカンナイ質問ばかりする「ウザいおっさん」に辟易した彼女が、ただただ面倒くさくて黙っているなら話は簡単であって、それを察したこちらが少なくとも毛虫のように嫌われる前に、「ま、いろいろだよなあ、写真も」などと言って彼女を解放してやればよく、そこでこの話はオシマイです。ところが彼女は幸いなことに、彼女なりに必死に私の問いかけたことに答えようとしているようなのです。でも残念ながら彼女の心の中には「写真作品なんだから、『作品をして語らしめよ』でいいじゃん」という、ごもっともな（この「ごもっとも」の曖昧な根拠が大問題なのです）理屈もあって、その上言語化できないもどかしさも重なって、ひたすら「うーん……」と黙り込むだけです。

当たり障りのないことを言い合って、曖昧にお互いを「ぬるく」褒め合うだけの写真サークルのほうが多数派ですが（「そういうふうにぬるくやらないと臍《へそ》曲げてみんな辞めちゃうんだよ」と下町で理髪店をやっている私の写真の師匠はこぼしています）、そんなことなら何も雁首そろえて作品なんか見せ合う必要はないので、鬱陶しいおっさんである私は愛情込めて言ってしまいます。

私　「君の作品が、何だかどんどんダメになっているのはさ、君が写真を語る言葉を少しも使わないし、用意もしていないからだと思うよ」
不思議「言葉ですかぁ？」
私　「そう。言葉」
不思議「写真なのに？」
私　「そう。というか写真作品だから、言葉が必要」
不思議「……（はぁ？）」
私　「感性とセンスだけで作品作ってる人なんていないし、そんなこと言ってる奴がいたら、そりゃ信用できねぇ奴だ」
不思議「でもぉ、才能とかあれば、言葉なんていらないんじゃないですかぁ」
私　「そうじゃないよ。そりゃ順番が違うってば。言葉を使わない奴は、才能を伸ばせないのよ」
不思議「じゃぁ、障害者の作る作品はみんなダメなんですかぁ？」
私　「みんなじゃないけど、ダメなものもたくさんあるでしょう。『障害があってこそ到達した視点』とかそういうのは、弱者を利用する偽善者が言うセリフだよ。そもそも障害者が言葉をすべて手放しているわけないでしょう。それは失礼ってもんだ」

不思議「えっー！　嘘ぉ！　そんなつもりないけどぉ、言葉ですか？　やっぱり」
私　「そう。やっぱり」
不思議「……」
私　「誤解しちゃだめよ。言葉さえあればいいと言ってんじゃないからね。言葉がないと自分の能力を開花させられないって言ってるだけだから」
不思議「カイカ？……（買いか？）……（下位か？）」
私　「感覚やセンスだけで作品作れる人は、本当は一〇〇万人に一人くらいの天才だけだよ」
不思議「……。はぁ……」

作品を仕上げるというのは、別の言い方をしますと、世界の不完全情報という制約の下で、自己表現の一回性という条件を踏まえて、「こうしよう！」と自己決定をすることです。どう評価されるかはギャンブルみたいなもので、ギャンブルの良き結果を前提に何かを始めるのはおバカさんがやることなので、そんなことよりも大切なのは、自分が「こんなふうにしよう」と決断した作品をまず自らが愛でるということです。そこで、本書を読んでくださっている方にお尋ねしたいのです。そもそも、そうした自己決定を、人間は言葉抜きですることができるのでしょうか？　私からすれば、それはどう考えても不可能です。だから、**言葉なきところには自己決定は**

存在しません。ということは、言葉を用意していない人は「決定」ができないということです。だから不思議ちゃんは「何だかよくわかんないし言葉にもできないけど、あたしっぽい」わけのわからないセンスや、「こんな感じぃ」としか言いようがないと開き直ったような、本当はあまり意味のない「感性」などというものに寄りかかって、相変わらず「こんな感じってことでぇ」とやってしまうのです。

もちろん写真は「気持ち」で撮るという側面があります。自分で作品として決定したものには、例外なく気持ちが入っています。でも、丁寧に考えると、写真は「撮った」のではなく、何千回もシャッターを押した挙句に、結果として「撮れてしまったもの」のネガを「これにしよう」と決定し、この作品は「このコマ（ネガ）を選んだ俺の気持ち」なのだと考えれば、このプロセスにはこの「気持ち」は「どんな気持ちなのか」を表現し、観念化する言語が必ず要求されるはずです。こんなプロセスを言葉抜きでやることは考えられません。だから、論理からすれば、「言葉だけでも言葉ぬきでも作品は作れない」ことを前提にしつつ、やはり良い写真を撮るためには豊饒な言葉がひとつの重要な契機になります。

サッカーだけではありません。「好きだから」という説明以外できない者は、せっかくのセンスを作品化するための、梃子の支点のようなものを手放してしまっています。そうするとあまりよい写真が撮れないのです。私は、才能のかけらがキラキラしている不思議ちゃんが、私のハートをムーブさせてくれるような作品を創ってもらいたいので、言い続けるしかないのです。

ちゃんと説明したほうが、次にファインダーを覗き、シャッターを落とすときに、不思議なことにいろいろなことが変わってくるよ。**「みたいなぁ」って言うと、才能が眠るよ。**言葉で説明するからチープになるんじゃないよ。言葉が足りないからチープになるんだよ。そうするとどんどんツマンネェ写真ばっか撮ることになっちゃうよ。え？　ウザい？　それもよくないよ。「ウザい」じゃなくて、「岡田さんのそういうところが、こういう理由で鬱陶しいです」って言ってもらって構わないよ。ねえ、起きようよ！　眠っちゃだめだよ。不思議ちゃんてばぁ！

4 言葉がすべて

◉――カタコト政治

小泉元総理大臣の時代に、その政治スタイルとしてよくメディアから評された言葉がいわゆる「ワンフレーズ」と言われるものです。大切な問題で、とてもじゃないけどワンフレーズで片づけてはならないようことを、単純で耳にすっと入ってくる言葉に含ませ、その身軽さにすべてを委ねて、押しつけて、細かいニュアンスをすべて捨象するという、真に恐ろしい機能を持った政治スタイルです。でも、もう少し正確なニュアンスでこの政治スタイルを表現しなければ、ここまで自分が書いてきたことを自ら裏切ることになるので、訂正して言い換えます。**ワンフレーズ政治ではありません。「カタコト政治」です。**失礼しました。

たとえば、「消費税は庶民の敵」とひたすら言い続けるようなやり方は、典型的なカタコト作戦です。消費税を上げ下げするという問題は、財政の本当の現実やほかの税制とのバランスなどと合わせて議論しないと結論を出せません。そもそも「財政破綻を回避するために痛みを伴う消費税増税は不可避」と財務省とお抱え経済学者は言っていますが、一〇〇〇兆の国債の持ち主がほとんど自国民で、みんなの貯蓄額も一五〇〇兆ある国の財政を国債発行額だけで「破綻」と言えるかどうかの議論も十分とは言えません。選挙になると通常は日本の政党はみな消費税のような間接税の導入や比率アップに積極的な提言をしません。うかつにそれを口にした途端選挙で大敗というわけです。日本共産党だけは、常に「消費税廃止」と言っています。しかし、欧米に比べてかなり直接税にウェイトがかかっている日本の税金システムそのものの評価については、あまり細かい議論をしているという印象がありません。ただひたすら「消費税を廃止せよ」です。

カタコトでものごとを済ませようとする傾向は、日本中に蔓延したトレンドです。大学で学生たちとやりとりしていると、とくに大学に慣れていない一年生には度々同じことを言わなければなりません。それは、「おいおい、単語じゃなくてセンテンスで話してくれ」というお願いです。学生はこちらが「何々について、君の、立派じゃなくてもいいから、君自身の考えを示してくれないか」という質問をすると、次のようなやりとりになってしまうことが多いのです。

学生「テキストの著者のわがままっていうかぁ、なんか余裕みたいな」

私「はあ?」

学生「っていうか、オレ的には……」

私「すまんが、ここは大学なので以後『**オレ的**』**っていうバカ言葉**使用禁止ね。それで?」

学生「(はぁ?何でオレ的がだめ?)……私の主張の自己ちゅー」

私　「あのさ、立派なこと全然言わなくていいからさ、体言止めじゃなくてさ、文章で話してくれないかな」

学生「（タイゲンって何だよ？）はぁ……だからぁ……自己ちゅー……です？」

こういうときには、大学一年生がつい数カ月前まで高校生だった（しかも小学校入学以来「ちゃんとしゃべる訓練などされたことがない」日本の高校生）ということで、「下線部Aの作者の心情を一五文字以内で示せ」といった「心情を忖度《そんたく》する」ことだけをさせられてきた、そのくせ一つだけ答えがあるという絶望的なまでに不自由な日本の入学試験に対応しすぎたために起こった悲しい習慣ということにしておきます。そして、おそらく次年度にはなんとか「センテンス」で話せるようになると期待するしかないのです。言葉をたくさん使わない、カタコトという傾向は、近年強まっているような気がします。**「教室で起こっていることは、タイムラグを経て必ず政治に現れる」**というのは、私の世界を見るときの鉄則ですが、カタコトの典型例がやはり政治の場面で劇的に起こりました。

◉——郵政は民営化しなければいけないんです！

二〇〇五年の総選挙のとき、記憶していると思いますが、小泉元首相は「郵政は民営化しなければなりません！」と、ただそれだけを言い続けて選挙を戦い、結果的に自民党に大量議席を与えてしまいました。それよりも一〇年前から、自民党はもう構造的に単独では過半数をとれないほどの低落傾向にあったことはさまざまな調査によってはっきりしていたにもかかわらず、そうした傾向からすれば異例なほど、自民党支持が高まったのでした。このとき、出口調査やその後の分析によって、おおよそ次のようなことが推論可能でした。[*30]

第一に、自民党に投票した人々の大半が、「郵便局の民営化のために自民党が提出した法案の意味内容」をまったくと言っていいほど理解していなかったことです。そして、これが非常に切ないのですが、第二に、選挙前の世論調査で三〇％程度の支持率しかない自民党という政党に、衆議院の議席四八〇のうち三〇〇議席を与えるのに大きな役割を果したのが、「これまでに選挙に行ったことがなかった人々」、つまり浮動票、とりわけそのうちの「若者」であったことです。頭を抱えてしまうのは、このとき自民党に珍しく投票した人々の多くは、小泉改革によってほとんど何の恩恵も受けない人たちだったことです。むしろ「規制緩和と市場原理最優先」の政策によって間違いなく厳しい状況に追い込まれる可能性のある人々であったことです。

民営化というのは、ビジネスに失敗しても政府や公共機関がある程度の保障や損益の補填をしてくれて、外国との競争に有利に立ち回れるように「親方」としての国が守ってくれるような「護送船団方式」ではありません。すべからく商売の結果は自己責任であって、うまくやれば大もうけできるけれども、失敗したときにはそのリスクも自分で背負うのが鉄則です。だから若くて貧乏で、雇用形態もバイトや契約社員、あるいは非正規雇用である、競争社会において不利なところから出発しなければならない、特別な能力や人脈や資金のない人々にとって、規制緩和と民営化という新自由主義（いい加減な言葉なのですがもはや収拾がつかないほど手あかのつく言葉になってしまいました）の世界は、非常にキツイ世の中となるはずなのです。それにもかかわらず、不利な立場に立たされるはずの人たちが「シュキュー派の官僚の既得権益を打破する改革って、普通にタダシクネェ？」と思い込んで、「小泉氏とプラス四〇人くらい」以外はほとんど民営化に積極的に賛成していない自民党に、何でもできる三〇〇議席を与えてしまった可能性が高いのです。[*31]

私は、選挙後のテレビのインタビューで「おれなんかどってことない人間なんですけどぉ、生まれて初めて熱いっていうか、小泉さん応援するしかねぇんじゃねぇ？ぐらいの気になりましたよ。小泉って、ヤバくねぇかみたいな、生まれて初めて、なんか政治とかをまじめに考えたっていうか……」と、やや興奮気味に語る若者の姿を見て愕然としたことを思い出します。そして暗澹たる気持ちとなりました。君がどんな一票を投じようと、それは君の自由なのだが、君が支持した候補者が所属する政党がこれからやろうとしていることが、本当に君の生活と人生設計に

*30——政治においては常に「推論」です。なぜならば政治における調査をすると、調査に協力してくれる人々の不特定数が「必ず嘘をつく」からです。

*31——若者の投票行動については、後藤和智が『おまえが若者を語るな！』（角川書店、二〇〇八年）で「立証されていない」と反論していますが、菅原琢の精度の高い調査によって、自民党の増加した得票分の中には若者の票が相当含まれていたことは立証されています。菅原琢『世論の曲解』（光文社新書、二〇〇九年）を参照のこと。

良い結果をもたらすかどうか、**もう少したくさんの言葉で**考えてやらないと、君は自分で自分の首を絞めているんだよと。もうそれは祈るような気持ちでテレビ画面を眺めていました。あぁ、こりゃいかん……と。かるーいカタコトに乗って、素朴で善良で言葉の足りない若者がワーキングプアになっていくのではという、やや単純で深刻な疑心暗鬼が起こります。

小泉氏の劇場型政治に乗ったのは、もちろん若者だけではありません。しかも、小泉氏が高い支持を受ける理由は元々あったのです。九〇年代末期に自民党の地盤沈下をかなり冷静に正確に理解していた故橋本龍太郎首相の「六つの改革」がガチガチの既得権益を持った自民党議員によって、ありとあらゆる手段を持って妨害され、抵抗されて頓挫した姿をつぶさに見て（首相本人が自民党本部の廊下で族議員から面罵されるような事態であったそうです）、「自民党をぶっ壊す！」と言って出てきて、大方の予想を覆して総裁になったのが小泉氏でした。だから、この閉塞状況を何とかしてほしいという気持ちで、自民党というよりも小泉党の意識で投票した人もたくさんいたでしょう。

しかし、そもそも自分の所属政党を「ぶっ壊す」などと言われても、多数党から総理大臣を選ぶ議院内閣制の下では、そういう選択肢の示し方はやはり邪道です。もし言葉どおりに自民党をぶっ壊したければ、有志を引き連れて新党を立ち上げるか、野党と協力して政権交代をさせればいいからです。どうして自民党をぶっ壊すのに、その本人が自民党の総裁のままなのか、そのままで「壊す」なら、どういう手続きと段取りをもってやるのか、作業工程も何も説明することもなく、つまり「ひどい言葉足らず」のまま、「ユーセーミンエーカァです！」と絶叫して、三〇〇議席となってしまったわけです。この言葉の軽いカタコト政治に危機を感じていたマスメディア関係者も一部いたのですが、小泉劇場にあっという間に巻き込まれて、一億総劇場ウォッチング状態となってしまいました。

◉──「それが現実だ」ということにさせるもの

政治なんて難しい、特別な人がやるものだという気持ちは、相変わらず私たちの間では強いのですが、そして一〇〇兆ものとてつもない税金の割りふりをしているのですから、庶民感覚ではできませんが、でもここでのお話の川の流れで考えると、政治はそれほど難しいものではありません。小泉元首相の例を思い返してください。小泉氏の優れていたところは、「郵便局を民営化する法律を作って日本人を幸福にした」点にあったのではありません。「郵便局を民営化しないともはや未来はないというのが私たちの直面する現実なんです」ということを数千万の有権者に**信じさせることができたところ**です。**「それが現実だ」ということを（一時的にでも）納得させることができたということ**です。

財務省は、「消費税を上げないともう財政がパンクして国家が破産する目前まで来ているのが、現実ですから……」という部分を、「それってとりあえず当たり前じゃねぇ？」と思わせるのに懸命です。その努力をあらゆる手段を使ってやろうとしています。もうかなり「当たり前」になりつつあります。有権者も「まさか御存じないはずはありませんけども」と前置きされて言われると、ちょっとは見栄がありますから「ま、そりゃわかってますけどね……」となって、気がついたら会社帰りの居酒屋で部下に、「もはや財政破綻寸前であることは言うまでもないことだし、少子高齢化に向けて……」などと、受け売りみたいなことを言ってしまったりしています。聞いている部下も「へえ、ま、課長もいちおうケーオー出てるしな。そうなんだあ」と思い、今度は自分がテレビを見ながら、「消費税廃止とか、ありえなくねぇ？ 国つぶれるし」とつぶやいているかもしれません。**ある認識を「ということになっている」という「いまさら言うまでもない前提」にさせることを「政治」と言います。**

「ということになっている」ということを、納得させる、受け入れさせる、了解させる、できれば「自分で考え、自分で判断したものだ」というふうに「させる」ことができれば満点です。そういうふうに事態を持っていくことのできる「力」、「技法」、「可能性」、「能力」、「結果の獲得」を政治と呼びます。「政治って何？」という問いには、たくさんの答えがあります。私のやっている政治学という学問は、その答えを探し続けてもはや四〇〇〇年ぐらいです。古代ギリシャの時代から延々やってますから。でも、この本で読者のみなさんにどうしても伝えたいことに重点を置いて言うと、こういう説明が大事です。気がついたら「それが現実よね」と思いこんでいたという事実をたくさん獲得することが、政治の目指す非常に重要なものの一つです。

◉——現実を構成するもの

「現実を構成する」とは、耳慣れない表現だと思います。現実は、目の前にあること、そのものじゃないのと思われるでしょう。目の前に「みかんが五つある」という動かしがたい事実は構成されたものじゃなくて、客観的な事実ではないかと思われるかもしれません。でも「みかん」だと思っていたら、ネーブルだったり、小さめの伊予柑だったりすることもあるわけです。だから、現実を作っているのは客観的な事実ではなく、「みかん」が「五つ」あるよという「言葉」なわけです。これを「分節化」と言います。言い換えると「言葉によって世界を切り分ける」ということです。切り分けることで、世界や現実は生まれるのです。つまり、**言葉が生まれると「そんなものないと思っていたはずの」現実が浮上するということです。**そのように考えるのです。「病名」が生まれると「病気」が増えるということです。

切り分けることで、何かを浮上させるということは、逆に言えば、ある言葉で世界を切り分けるということは「そうでないもの」を浮上させることでもあります。つまり、裏側からまた別の現実を作るということです。

政治を「知る」ということには、政治を「認識する」ということと「経験する」という二つの意味があります。日本の場合、「政治をよく知っている人」と表現する場合には後者の意味で使う場合が多いです。「トーダイ出たって、元財務省のキャリアだって言ったって、所詮はお坊ちゃん育ちのなぁーんもわかっちゃいない若造だよ。だから二年ぐらいは秘書でもやって、議員《せんせい》の運転手やって、雑巾がけして、庭の掃除して、地元まわり三万軒やって、汗かいて、政治をよく知らなきゃ、使い物にならねえぞ」。地元の後援会長がこう言うときの「知ってる」は、いろいろ経験して自分が言葉でわかっていたことがそのままの現実ではないということを骨身にしみて理解するということですから、どうにもこの「言葉で世界を切り分けて現実を作る」という話が通じにくいのです。「言葉が現実を作る？ 何寝言いってんだよ、先生。現実はそんな甘いもんじゃねえよ。ったく、学校の先生ってえのはお気楽なもんだよなあ」と反応されてしまいます。でも、そのとき後援会長の言う「現実」と坊ちゃん候補が考える「現実」とは、重なるところもあるのですが、「違う現実」なのです[*32]。問題は、「本当に苦労して政治というものを知ること」という話ではなくて、「郵政民営化はもはや常識です」という言葉が、「そういうことになっている」という冷徹な事実なのだということにしてしまう、そのように世界を切り分けてしまうという話です（ですから「田舎の特定郵便局はもはや時代遅れ」ということも、裏側から「いまどき常識っしょ」ということにしてしまうのです）。

「近年、凶悪少年犯罪が激増している」という言葉で分節化された「現実」は、本当に現実を記述する言葉なのでしょうか。たしかに、社会に衝撃を与えるような少年による犯罪はセンセーショナルな事態としてマスメディアにも大きく取り上げられますし、テレビのコメンテーターも「本当に恐ろしく悲惨な事件ですねえ。私たちの時代はもはやこんなところまできてしまったのですねえ」といったコメントを垂れ流しますし、電車の中吊り広告を見ると週刊誌は「激増する少年犯罪と世紀末ニッポン！」などと恐怖と不安と絶望をあおりたてるカタコトの洪水です。

でも、統計などを見ると少年の凶悪犯罪の発生数は、一九六〇年あたりを頂点として、以後今日までひたすら減少しているのが「数字による事実」なのです。六五歳くらいのおじさんが公園のベンチで「最近のガキはたちが悪ぃよ。悪いことする奴が増えちゃって、まったく親の躾《しつけ》がなってねえんだよ。いまどきの親は仕事だ、金だって、子供の面倒見てねえんだよ。あたしらの時代は悪さする奴はいても、そりゃ町内にいたごく一部のヤクザの息子とかそういう奴だけだったよ」などとおしゃべりしています。でも、そういうおじさんたちがちょうど一五歳だったのが、少年凶悪犯罪数が戦後ピークに達した一九六〇年くらいなのです。統計上の現実と、カタコトで切り分けられた現実がまったく重ならないことは明らかです。

もうおわかりでしょう。政治は言葉で世界を切り分けて「これが現実ですよねえ」というふうにさせる、人間の営みです。ですから、もちろん「汗かいて人の気持ちを知る」ことと矛盾しませんが、やっぱり**「言葉がすべて」**なのです。

◉──言葉が減ると解釈を独占される

ジョージ・オーウェルが小説で描いた『一九八四年』は、言葉がカットされて、短くされて、

＊32──こうした話に格好の参考文献は、都築勉『政治家の日本語力』（講談社α文庫、二〇〇九年）

かつ使える言葉が限定されて、簡略されて、その上一つの言葉が相矛盾する二つの意味を同時に表すように使用される、逆ユートピア世界を描いた傑作です。国家によって強制的に簡略化され限定されたた言葉の体系を「ニュー・スピーク」というのですが、このSF小説を読むと、言葉が減ると、使える言葉が足りないと、そうした言葉に引きずられて、ニュー・スピークを使う人間の現実が、国家の決めた、国家にとって都合のよい現実の中に封じ込まれていくことが、戦慄とともに理解できます。たとえば、国家にとって都合の悪い政治的な存在を「〇〇に死を！」とだけみんなに言わせて、それ以外の表現以外を全部禁止すれば、「本当はそうじゃないかもしれない」という気持ちも言葉もなくなってしまうということです。[*33]

オーウェルの描いた世界は小説の中ですが、私たちの世界でも言葉足らずを放置しておくと、誰かにとって都合のよい「現実」の中に、多様な現実が封じ込まれてしまい、その結果何が起こるかといえば、それは現実というものの解釈が独占されてしまうということです。これは「言いなりになる」と説明できる場合もありますし、「だまされる」と表現したほうがよい場合と両方あります。カタコトに乗っかると、結果的に「ということになってますから、はい」と、お仕着せの表現の中に封印されたさまざまな事実や解釈が眠ってしまい、現実をコントロールする者たちの言うがままに、自分自身すら現実として「構成」されてしまうのです。ようするに、**幼児語ばかり使って生きている人間は人の言いなりの人生を歩むことになるのです。**

◉――こちらから「これが現実だ」と言うことができる

政治は「現実の解釈をコントロールすること」だと言われると、「えっ、それじゃ、いつだって騙されているかもしれないって疑心暗鬼で生きていかなきゃだめってこと?」と一気に不安になってしまうかもしれません。「財務省のエリート官僚の人たちって、ほとんどトーダイとかキョーダイとかワセダやケーオーを出てるんでしょ? そんな優秀な人たちが洪水のように用意している言葉に対抗できるわけないじゃん。もう、無理だよ、絶対に騙されるよ」と、ちょーパニックです。でも冷静に考えてみてください。「財務省の言うことに騙されちゃいけませんよ」と、たくさんの言葉を使って別の現実を切り分けようとしている、トーダイやキョーダイを出ている人もたくさんいるのです[*34]。**政治の機能が「現実を作る」ということなら、こちらもそれをやればいいのです。**政治家は、自分の考えと異なる「現実」を言う人に、「それは違います。そんな現実を前提にして考えたら国民を誤った方向に導くことなります。本当に私たちが直面している現実は……」と言い返し、問題は「どちらの現実解釈のほうが説得的なのか」を私たちが自分たちで判断して、その結果選んだ政治家が「言ったことに近づけるように行動したか」という通知表に点数を書き込めばいいのです。**この通知表作成のことを私たちは「選挙」と呼ぶのです。**

じつは、「本当の現実とは何か」などという問題には、誰一人として正解を提供できないので

＊33――ジョージ・オーウェル『一九八四年』(ハヤカワepi文庫、二〇〇九年)
＊34――菊池英博の書いた『消費税は〇%にできる』(ダイヤモンド社、二〇〇九年)は、財務省とは異なる視点で議論をしています。

す。「これが現実だ」という物言いは、ほとんどすべて間違っている可能性を含んでいます。ですから、「どちらが正しいか」ではなく「どちらのほうが誰にとって得か」か、「どちらのほうがみんなにとって得か」か、「どちらのほうがみんなの気持ちにそっているか」で判断する以外にないのです。ポイントは「どちらの言う現実のほうが説得的なのか」です。政治は宇宙の真理を探すこととはまったく異なる人間の営みです。

だから権力や政府に騙されるかもしれないという、相当注意しておかなければならない面はあります。でも他方で、言葉をたくさん使って、人を説得したり、みんなが気がつきにくくなっている大切な事実や認識を「切り分け」によって浮上させて、みんなにとっての利益になるように世の中を変えていくための共有基地のようなものを発見することができたりという、非常にポジティブな面もあります。政治は、暗く、汚く、恐ろしく、悪いものという圧倒的なイメージがありますが、もう近代国家の歴史も一五〇年近くになる私たちは、相変わらず政治は怖く危険という注意深さをキープしたままでいいですから、そろそろ政治を使って出鱈目を止めさせるとか、政治を使ってへんてこりんな税金の仕分けをちゃんとした仕分けにやりなおさせるとか、政治を使って、ということは言葉をたくさん使って利権でドロドロになっている人たちをとり代えるということを普通にできるニッポンという「現実」を作れるのですから、そうすればいいのです。しかも、最近私たちは、いわば新しい現実を作りました。それは政権交代です。

◉――言葉がもたらした政権交代

「政権交代」こそカタコト政治の典型じゃないかとおっしゃる読者の方もいらっしゃると思います。そうかもしれません。たしかに気分や雰囲気やとくに根拠のない興味本位で民主党に投票した人はたくさんいるかもしれません。でも、そういう人はどんな世の中になろうと必ずいるのですから、そのことをもって鬼の首をとったように反論されても困ります。そういう人は何をしたって、どうなったって、そうやって投票するのですから。でも、そんな話には乗っからないにしても、一つ指摘しておけば、民主党は言葉がもっと必要だということをこれまでにないほど自覚的に考えて工夫しました。新政権になっていろいろ彼らの実力も明らかになってきていますし、すべての政治権力に対しては「基本的にはあまり信用しきってはいけない人たち」という視線を失ってはいけませんが、民主党は自民党が五〇年あまり真剣にやってこなかったことを一つやりました。それはマニフェストです。

民主党の政策が自民党に比べて優れているかどうかについては、いまもいろいろ議論されていますから、もう少し様子を窺わないとわからない面もあります。高速道路無料化ははなはだ評判が悪いし、子供手当も選挙目当てのバラマキだと大雑把な非難がたくさんされています[*35]。ただ二〇〇九年夏の選挙の際、民主党は間違いなく自民党よりもたくさんの言葉を使って、カタコトではなく、かなりの厚さのマニフェストを作って、自分たちの政策目標と実現のおおよそのスケジューリングを示しました。その出来の良さ、悪さは別として、そういうことを五〇年間自民党はほとんどやってきませんでした。民主党が好きな人も嫌いな人も、政治が好きな人も嫌いな人も、そのことだけは認めるべきだと思います。

とにかくこの一〇年くらい「風が吹かないと選挙には勝てない」と、まことに有権者を侮るようなことばかりやってきた自民党は、総理大臣を決めるのに信じられないくらい「言葉足らずなこと」をしてきました。お坊ちゃんゆえ汚れ仕事などしたこともなく、苦労して選挙区を一万回辻説法して勝ち上がってきた議員の苦労も知らず、政府はともかく自民党すらコントロールする経験も技能もない安部晋三氏を**「選挙に勝てるから」**と担ぎあげました。でも、彼が常軌を逸した子供っぽい辞め方で政権を放り投げたあとも、自民党は**「安部に比べればサラリーマンの経験があるから」**という安易な理由で福田康夫氏を総裁にしてしまいました。でも、福田氏はねじれ国会のコントロールができなくなって**「あなたとは違うんです」という謎の言葉**を残して辞めてしまいました。極めつけは何の統計的根拠もないのに**「国民的人気がある麻生太郎」**というマンガは読めるが漢字と有権者の気持ちが読めない人を総理大臣に選んでしまったことです。でも、民主党は「バラマキ」と言われようが「成長戦略がない」と言われようが、自民党に比べれば、たくさんの言葉で現実を説明し、未来の現実を描いたマニフェストを出して、どうかこれでご判断くださいとやったわけです。自民党のマニフェストと読み比べればその違いはわかります。内容の話ではありません。言葉の分量の話です。

政権が変わるということがどういうことなのか、あまりに長い間固定した権力関係があったため、本当は何がいま起こっているかということについても、同時進行で検証中です。これについては、暫定的な結論が出るのにすら数年を要するかもしれません。しかし、この間（政権交代直前の、何か地響きのような予感から今日の実感まで）起こったいくつかの現象について考え及ぶことで、「言葉が認識と想像力をシェイプする」ということをいま一度説明できると思うのです。それは、政権交代がなされたあと人々の使う言葉が変わってきたことです。

◉——言葉が変わると現実が変わって見える

「財源」、「事業仕分け」、「複数年度予算執行」、「事業査定」、「政治主導」、「概算要求」、「国債増発」、「事業執行停止」、「事業基金」、「公益法人」。これらの言葉は、私が勤務する大学で、数カ月前まで高校生や予備校生だった平均年齢一九歳くらいの大学一年生が政権交代直後の数カ月の間、フリースピーチで使用した言葉の一部です。私の入門クラスでは、心と喉と頭のウォーミングアップのために、テキスト報告が始まる前に、任意の学生に二分ほどスピーチをしてもらいます。狙いは、「事実説明→評価→根拠の提示→議論の誘導」ということを二分でやってみる訓練

＊35——そもそも「バラマキ」という言葉をこれほど大雑把な意味で使うようになってしまったのはなぜでしょうか。バラマキとは、もともと広い公共的な対象ではなく、「業界」「企業」「圧力団体」のような社会の「部分的利益」を主張する集団に対して、「選挙での票と引き換えに補助金や工事発注をバラまく」という意味で使っていた言葉でした。ところが、昨今は「子供手当」などの、いわば「社会的所得の再分配」を行う政策をすべて、いやそれどころか「民主党政府が執行しようとする予算すべて」をバラマキと批判するという、まったく言葉の「幼児語化」が進んでいます。もし所得の再分配をバラマキとするなら、年金は「バラマキ」です。

です。そして、何よりもまずは「人前で声帯を震わせる」という経験をさせることです。

このフリースピーチでは、テーマは自由ですが、あれ以来ほとんどの学生が「日本の政治」、とりわけ「民主党の政策と予算編成」に関する話をしてくるのです。これは衝撃的なことです。もちろん、学生というのは（社会人同様）、誰かが「民主党の子供手当政策の財源について」話すと、付和雷同するようにみんな似たような話をするという傾向がありますが、もともと日本の政治や予算編成や行政の問題に何の興味も知識もなければ、無理して話題にするはずがありません。ということは、彼らはそれほど無理をしているわけでもなく、民主党のマニフェストの「財源」の話をしているわけです。これまでの教員経験で、このようなことが起こったことはただの一度もありません。酷いのになると「昨日自分のウォークマンが壊れて、ちょームカつきました」という、「僕の問題と私たちの問題の区別」すらできないことも起こりました。しかし、現在、毎週やるスピーチで出てくる話題は「高速道路無料化の是非」の話です。まったくもって、うれしい悲鳴です。「ちょームカつく」という幼児語以外はこれまでほとんど使ったことがなかったような人たちが、相変わらず**「チョーウゼぇ。マジ殺す」とか幼児語を話しつつも、**「事業仕分け」という言葉につられて、「単年度予算主義が無駄を作ってんじゃなくねぇ？」とか言えるようになります。大変な前進です（マジで）。

もちろん現段階では、彼らの議論は稚拙極まりないレベルです。そもそも、「財源」という言葉をあまり深く考えて発言していません。「民主党のマニフェストは、あれもこれもやりますって言ってるだけで、財源の裏づけとかもぉ、いまいちわかんないしぃ、何かいいとこ取りっぽいと思います」っていう感じでしょうか。彼は、「財源の裏づけがない」という、選挙のときに自民党とマスメディアによってたびたび指摘されたフレーズだけを知っていたから、使っただけかもしれません。一般会計と特別会計の両方を含めて、国債発行額から公益法人の「運用事業基金」に至るまで総合的な予算組み替えをするという前提と、かつて自民党が言ってきたような、利権と癒着の構造に一切手をつけず、ひたすら霞が関のお膳立てするものの微調整をするという前提の違いもわからず、「財源がない」という言葉を使っているだけなのでしょう。

「経済危機への対応としての補正予算」についても、「せっかく下げ止まりの感があった日本経済を立て直すために入れた補正予算を止めたら、景気の悪化がまた加速する」などという、どこかで何度も聞いたことがあるフレーズで、民主党の予算編成方針を批判する学生もいます。国家と社会の関係において、経済のサイクルを国家の予算措置や財政政策によって調整するというやり方（ケインズ方式）は、たかだか国家の歴史の中ではこの五〇年から六〇年ぐらいの経験しかないということも知りませんし、「景気が悪いのは政治が悪いからだ」という、ある意味では甘ったれた物言いが必ずしも正しいわけではないということも考えずに、議論する危うさも感じます。普通に考えても、町工場がつぶれてしまう直接の責任は国家にはありませんし、株価が下がっていく責任はすべて国家にあるなどと言うなら、いっそのこと資本主義システムなど放棄してしまえばいいのですから、こういう話はもうすこし丁寧にしなければならないはずです。

でもいいのです。どれだけ稚拙で、大雑把な話をしていても、いいじゃないですか。だって、彼らは「日本の政治」について、「いままで使ったこともない言葉を使い始めている」のですから。つい一年前の学生は、「福祉目的税化などを含めて間接税の再検討を行いつつ恒久的財源の確保を見据えた税制改革の必要性」などと言うと、ポカーンとした顔をして、「何のことかすらさっぱりわからない」という反応だったのですから。つまり、自分のまわり半径三メートルを超える世界である、「日本の政治」を語る言葉が一年前よりもたくさんになっているということは、まことにもってよいことであり、このことをまずは笑顔で寿《ことほ》ぐべしというわけです。

社会学者の宮台真司氏は民主党の参議院議員の福山哲郎氏との対談集の中で、これまでの自民党による日本の政治を「お任せ政治」と表現しています。[*36] 人に自分の運命や生活を「おまかせ」するなら、私たちには言葉は必要ありません。「っていうかぁ、ビミョーじゃねぇ?」と一八歳を過ぎて幼児語を話し続けても、官僚が好き勝手に何とかやってくれるのだから任せておけば別にいいのです。でも、「それじゃだめじゃねぇ?」と思うなら、とりあえず「財源の裏づけ」という言葉を使っていくしかないのです。別に財政や行政の専門家になれと言っているのではありません。「財源の裏づけ」という言葉を使うと、「税金」→「借金財政」→「年金破綻」→「若者(俺ら)の未来の負担」というふうに、イメージが広がり、財源という言葉を知らなかったときよりも、自分と世界の関係イメージが豊かになります。言葉を使えば、現実が見えてくるという当たり前の話です。それがあまりに当たり前じゃなくなっているので、こうしてたくさんの言葉で言わずもがなのことを言っているのです。

◉――サッカーと政治

先に紹介しました日本サッカー協会の田嶋幸三氏の著書に、彼が聞いた衝撃的なエピソードが紹介されています。それは、二〇〇六年のワールドカップ・ドイツ大会準決勝、イタリア対ドイツの試合で、この試合のアシスタント・レフェリーをしていた人が目撃したことによれば、レッドカードによる退場者が出てしまい一人減ってしまったとき、イタリアの選手たちは「誰一人として、ベンチを見なかった」という話です。血も凍るような緊張の中でワールドカップの準決勝を戦う、とてつもないプレッシャーがかかる状況です。日本では、ワールドカップに負けて帰ってきた代表選手を成田空港で酔狂なサポーターが帰国歓迎してくれて「感動をありがとう！」という怠惰な言葉をかけてくれます。イタリア人は違います。負けて帰ってきた選手には「お前らは腐ったトマトだ！」と罵倒し、本当に腐ったトマトを投げつけます。

そんな大ピンチの中、イタリアチームはベンチに指示を仰がず、その場で話し合いを始め、一〇人でどうやってこのあと戦うのかを即座に決定し、指示を出しあって問題を解決していったというのです。田嶋氏はこのエピソードが「究極の状況下で、自らが考えて判断を下す『自己決

＊36――宮台真司・福山哲郎『民主主義が一度もなかった国・日本』（幻冬舎新書、二〇〇九年）

定力』。その力を備えていない限り、世界で通用するサッカー選手になることはできない、という事実を明確に示している」と感じたそうです[*37]。まさに我が意を得たりです。

一方、日本の一五～一六歳の子供たちはどうかと言えば、練習中に「どうしてつながらないパスを出したのか」とプレーを止めて（フリーズさせて）尋ねると、「黙って」田嶋氏の目を見る子がじつに多いのだそうです。それは自分で答えを出そうとそれを探すというよりも、**指導者からの答えを待っている姿**だと言います。どういう意図でパスを出したのか、どうしてこの局面を乗り切りたかったのか、**ちゃんと話せ**というのが田嶋氏の狙いです。しかし、子供たちはゲームとともに心も言葉も「フリーズ」してしまうのだそうです。

ドイツに留学中、一二～一三歳の子供にサッカーを教えているときも田嶋氏が、「どうしてそこにパスを出したのか」と尋ねると、「だってペーターは足が速いんだから、そこに走るべきだから」と「即座」に言葉が返ってくるのだそうです。日本の子供は、圧倒的に「自分の考えを言葉で表現する力が弱い」ということです。そもそも、スポーツにおける行為には「意図」というものがあるはずです。しかし、それを自覚して、意識して、つまり言葉にしておかないと、それが失敗に終わった際に、次の機会にそれを繰り返さないための解決も改善もできません。つまり**「プレーの意図」を「言える」**ことが、成長に不可欠なのです。ただ何となくボールを蹴るのが日本の子供です。

サッカー協会では、対話技術と論理的思考を養うために「問答ゲーム」というものを採用しています。簡単なゲームで、一人がたとえば「夏休みは好きですか」と質問して、「好きです」と返し、「どうしてですか」と問い「好きなことができるからです」と続けていくのです。これを繰り返し訓練すると、そのうちかみ合った対話となるだけでなく、論理的で自分の言葉に責任を持つようになるというのです。[37]ところが、このゲームをやる以前はどうだったかというと、「海は好きですか」↓**「えっ、びみょー」**↓「どっち」↓**「えっ、わからない。どっちでもないかも……」**↓「強いて言えば」↓**「うーん、好きかなぁ」**↓「どうして」↓**「何となく」……「マジ、うぜー何言やいいんだよ！」**となるのだそうです。[38]

このことを知って私は、大笑いして、そして直後に溜息とともに天を仰ぎました。笑っている場合じゃないのです。なぜならば、このやりとりは私が大学の一年生の入門ゼミで日常的に経験していることと、ほとんど寸分違《たが》わぬやりとりだからです。

ちなみに問答ゲームの話は「小学校低学年の子供たち」相手の言語技術教育の話です。でもまったく同じことが、平均年齢一九歳くらいの大学で起こるのです。学びたいという意思があるということを前提にすべてのシステムが構築されている大学に、**「マジ、うぜー何言やいいんだよ！」**と**使用する幼児語までまったく同じ**である人たちが大量に入学してくるのです。そして、もはやかなり手遅れとなって「ほぼそのままの状態」で四年を経て、大量の若者が基本的には「マ

＊37——田嶋前掲、七—九頁。
＊38——三森前掲、四二—四三頁。

ジ、うぜー何言やいいんだよ！」という水準を大きく超えることなく企業や社会に流れ込んで、人と金と社会の空気の言いなりになって、そして結婚して（最近はちゃんとしゃべれない男は結婚できませんが）子供を育てるのです。**マジでヤバい**のです。[*39]

もう私が何を言いたいか、賢明なる読者のみなさんにはおわかりだと思います。こうなるともう話はサッカーの話であると同時に、それを超えていきます。じつはサッカーの話はひとつのきっかけにすぎません。

◉——言葉で詰めて現実を共有して決定する

事態の推移に曖昧に身を委ねるのではなく、変動し流動化する状況や環境の下で、それを与えられた条件として受け入れ、自分で判断し、主体的に状況に働きかけ、共に生きる共同体にとって最良の利益とは何であるかを「言語と身体」を通じて他者とコミュニケートし、合意を形成する努力のできる人間が一人一人いることが、強いサッカーチームに必要な世界水準の条件です。

いま自分たちを取り囲んでいる状況は、つまり自分たちの「現実」はどういうものなのかについての判断は一人一人いれば一人一通りの可能性があります。ということは、唯一の答えがない以上、何が「現実なのか」を、その解釈を詰めていかねばなりません。しかし、そのためには判断するのに必要なインフォメーションを共有しなければなりません。つまり状況に対するイメージを共有するために、その解釈を共有するために、「これが現実だ」とチームメイトに示してあげる者は、論理的に考え抜いた上で、エビデンス（証拠）を添えて、ほかのメンバーに提示しなければなりません。そうする過程で、一人一人の運命をゆだねる「次にはどうするのか」が決定されます。これは、各人が言語を「自覚して」使用しないとできません。

こうしたことは、そっくりそのまま、**すべて政治の話に当てはまります。**政治をめぐって、そういうメンバー（私たち）がいてこそ、私たちの社会のマネージメント（政治）は世界水準になります（まともな民主政治を維持できる相手として国際社会のメンバーに入れてもらえる）。前節で、私は繰り返し、「政治は現実を作るもの」だと強調してきました。政治リーダーにとって、「これが現実である」という自己の認識は、ほかの政治メンバーとすり合わせてこそ支持を得られ、みんなで状況に立ち向かっていけます。**政治もサッカーも「現実の解釈を共有して合意を形成する」という点でまったく同じです。**

疲労が蓄積されつつあるゲーム終了間際に、一点差で負けているにもかかわらず、レッドカードで味方が一人減ってしまった、負けられないビッグゲームという究極の状況下で、「いいか！右からの攻撃に対して、相手のディフェンダーの対応は、ちょっとずつ遅くなってるし、マークも二〇センチずつ甘くなってるよな？ 相手がフォワード一人残して全員ガチガチに一点を守るつもりだということはお見通しだ。疲れてるのは俺たちだけじゃない。ペナルティエリア付近で

＊39――もちろんこちらの指導と努力に反応してくれて、ことの重大性に気がつき、かつ懸命に努力して「話せる二三歳」として立派に卒業していく諸君もかなりいます。彼らの誇りと能力にかけて、これはちゃんと言っておかなければいけません。

の速いボール回しの攻撃は残り時間からして、あと三回はできる。二回横の速い動きで揺さぶれば、三回目はあのうるさい背番号2番は絶対にヘタる。左からのショートクロスをアンドレアが頭で触って2番の右に落とせ、あとはゴールにパスするだけだ。これが最も高い確率だ。いいか！ それを信じて、冷静にファイトだぞ」という合意を形成するために、ピッチ上ではわずか三分くらいの間に**洪水のような言葉**が交わされたはずです。イタリア代表はおそらくそうやって現実を構成し決定をしたのです。答えを出してくれるベンチを情けない表情でぼんやり眺めるメンバーなど一人もいません。

地球温暖化という問題に直面して、二酸化炭素排出削減二五％を目標にすると元総理大臣が世界に向けてメッセージとして発信してしまったという事実は、私たち日本の有権者に与えられた条件なのです。もはや「温暖化などないことにする」などと言って問題をごまかすことはもうできません。世界中から相手にされなくなります。産業界は「そんなことやったら日本の生産業はつぶれるから無理だ」といいます。つまり「二五％削減に対応不可能というのが現実」というわけです。でもこれは「目標設定」です。実現する保証のないものを目標にしてはいけないなら、発想の転換の類のものはすべて馬鹿げた目標設定ということになります。

実際には、少しずつですが産業界は変化の兆しを見せています。たとえば日本の自動車メーカーは、もはやF1レース（人間はどれだけ速い車を作れるかという技術競争に拍車をかけさせるためにやっている贅沢なお祭りレース）から撤退して、もう速い車はいらないからエネルギーをセーブできて環境に優しい安全な車を作る方向へ転換しています。現在充電池のコストが高く、ハイブリッド・カーは大学卒初任給の年俸ぐらいしますし、家庭用太陽電池システムなども個人ではまだ手を出せないような高価なものですが、最初の数年は政府が補助金を出して、数の上での普及に手を貸せば、関連産業への影響も含めて今後一〇年で何兆円という巨大な市場に成長するはずです。つまり、いまある重厚長大な二〇世紀型生産業を前提にするのではないというメッセージが「二五％削減」の中には込められているのに、日本のマスメディアはそれをあまり理解しようとせず、ひたすら「宇宙人が考えた非現実的な政策」というトーンで報道しますから、そのポイントがちゃんと社会に伝わっていません。産業界も、そういう「パラダイム・シフト」の話なのだということがまだピンとこない段階です。でもこの方向に意義を見出している政治家や有権者は、言葉をたくさん動員して「基本イメージを切り替えましょうよ」と、ひたすら訴えるべきです。そういうことを政治リーダーも私たち政治フォロワーも、やり続けなければなりません。そうすることで、状況にたいする共有イメージ（現実認識！）が得られ、しかもそのイメージはエビデンスをきちんと示していけば、相当説得的な現実解釈となりえます。たとえば一例をあげれば以下のようなことになります。「いいか！　鉄鋼産業をつぶすんじゃねえんだ！　たとえば日本のすべての住宅の屋根にソーラ・システムを設置して大儲けするんだよ。そしてそのまねのできない技術を中国に高く売りつけるんだ！　わかったか！　頑張ろうぜ！」と、ピッチ上にいるサッカー選手ではなく、同じ政党の仲間、野党、産業界、メディア、そして有権者に向かって

「しゃべり倒す」のです。私たち自身も、このサッカーゲーム（政治）に全員コミットする選手（有権者）なのです。言葉が使えないと試合（政治や外交）に勝てません（社会のマネージメントと世界とのつき合いに失敗します）。

◉――政治とカネ

私は「はじめに」で、「政治とカネ」は幼児語ではないけれど、間違った前提で出発すると実質的に幼児語と同じ働きをしてしまうと書きました。元首相と与党元幹事長、そして数名の衆議院議員が本当に法律に触れるようなことをしたのかどうかについては、私は政治学者ですから法律の専門的議論に委ねます。元幹事長がたいへんなカネを動かして、政権党を牛耳っているのはけしからんという大雑把な話にも興味がありません。政党を牛耳れない幹事長というのは形容矛盾だからです。しかも大変なカネを動かして、勢いよく政治をやっている人は、件の元幹事長以外にもたくさんいるからです。問わなければならないのは、**本当はどうして政治とカネの関係が問題になるのか**という、シンプルかつ最も根本的な問題です。そして、有権者もマスメディアもこのシンプルな問いにきちんと触れていません。もしあの手あかのついた「政治は最高の道徳なのだから、清貧こそ目指すべき姿である」という馬鹿な議論を前提にして、元幹事長と元首相を攻撃するならば、これは「政府は道徳的に許されないことをしている！」という話なのであって、つまりは「カネをたくさん使う政治家はけしからん」という、貧乏自慢のような話となってしまいます。それではなんら現実的解決も生み出しません。

「元幹事長はゼネコンのカネを集めて、公共事業を自分の思いのままにコントロールしていて、企業と癒着している金権政治家だ」というなら、公共事業を左右する、予算配分に強力な影響力を行使できる職務上の権限があり、献金を受けたことと予算配分にある因果関係を証明しなければなりません。献金時期に野党の立場だった時期が多く含まれている元幹事長に職務権限があったとは考えにくいことを、マスメディアはあまり大きくは書きません。彼の師匠であった故田中角栄や故金丸信のやり方を「金権政治手法」という文法にして、それに彼の名前を代入して、連綿と続く金権政治と批判して済ましているような印象すらあります。でもやっていることの基本筋は「彼にはダーティなイメージがプンプン臭う」というカタコト政治報道です。

元首相が、母親から譲渡されたカネを政治資金規正法や贈与税のルールに正しく依拠して処理をしなかったことは、多くの強い批判にさらされました。彼は政権交代以前に野党の有力なリーダーたちの一人であったのですから、首相になる可能性があることは想像できたにもかかわらず、どうしてあれほどお金を杜撰に処理してきたのかと、その甘ちゃんぶりに個人的には呆れ果てます。しかし、現在明らかになっていることからすれば、元首相が政治に使ったお金は、すべて自分のお金です。その出どころは、お母さんの実家のブリヂストンタイヤの創業者の石橋家(だからブリッジ・ストーンなのです)で、財産相続として子供のころから大量の株券を受けてきていて、その配当金が年に八〇〇〇万あり、つまりこの話は大金持ちのお財布の話です。だから白けた話し方で言えば、この件は「カネの苦労を人生で一度もしてこなかった六〇歳を超えたお坊ちゃんが、貧乏自慢の大衆のやっかみと嫉妬の尻馬に乗っかったマスメディアにこき下ろされている」というわかりやすいがツマラナイ話だと言ってしまうこともできます。

元首相と弟の元総務大臣の金銭感覚が「庶民とはかけ離れている」と野党の総裁が国会で非難していましたが、お金が山ほどある家に生まれたこと自体は、あの兄弟の責任ではありませんし、年収が何十億円もある家に生まれ育ったら、八〇〇〇万円なんて端金《はしたがね》です。一〇〇兆もの国家予算を振り分ける仕事に「庶民感覚」などあまり必要ありません。大根一本がどこの店のがいくらか安いなどというミミッチィ話ではないのですから、庶民の感覚と離れていることを非難するということは、遡って考えれば「貧乏人の気持ちがわからない鈍感な奴」という「政治的評価」をしているということです。だから野党総裁の言ったことは、道徳的非難ではありません。「政治家ならもっとうまくやれないのかよ」という批判です。これは「政治は清貧でなければならない」という批判とは立っている地平が異なります。野党の総裁は文化と教養を好む紳士なので、正直にそんなことを言ってしまうのです。だから迫力がありません。このあたりのことも、きちんと切り分けて報道されているかといえば、されていません。味噌もなんとかも一緒なのです。

あの兄弟ほどの大金持ちになると、しょぼいお金では絶対に買収されませんし、「公共事業の口利きは絶対にしません」と約束して選挙で落選しても、ハローワークに行く心配は皆無です。ということはかなり挑発的に言えば、ワガママでただ乗り的な選挙民の言う戯言《ざれごと》に右往左往する必要もありませんから、自ら信ずるところを堂々と述べることができる、ある意味で信頼できる政治家です。だから、個人献金など一円も集めなくても、政治における理想を高々と掲げることができるような恵まれた政治家なのに、秘書が「個人献金がないと政治家としての体裁が悪い」という判断で、よく調べればすぐばれるような「故人献金」をやったという話を聞くと、「政治資金を自分で賄える政治家はいかがわしい政治家である」という、非常に歪んだ前提で政治家の評価がなされていることが、逆に映し出されています。「献金はいらない。ヒモつきの金でない金を持っているから」と元首相は言えないのです。お金持ちであることと政治家であるということを「イカガワシイこと」にしなければ気がすまない一億総ぶりっ子状況だからです。

◉――大量の言葉による説明

私はそういうことを天の邪鬼的に言って、そうした政治家たちを擁護しようとしているのかと言えばそうではありません。逆です。きちんと批判をしようと思っているのです。もう多くの読者の方にはおわかりでしょうが、それはやはり**「言葉足らず」の政治家はダメ**だという批判です。忖度だらけの政治は、ただでさえ危険な政治や権力を、もっと危険で厄介なものにしてしまいます。

元幹事長は、疚しいお金は一円もないと言い張っています。現在のところ、彼のお金の出所は、巷間噂されているゼネコンであるということを誰も立証できていません。だから焦点は、あれほどのおカネを何に使ったのかという点とならざるを得ません。一応断っておきますが、私はこの問題について何かを断言できるような調査も資料もありません。目的はそこにはありません。現在の言葉足らずの状況から抜け出して、もし有権者に必要とされる二一世紀の政治家になりたいのなら、元幹事長はしなければならないことがあると言っているのです。この本の進んできた道筋からすれば、彼は次のように徹底的に考え抜いて、たくさんの言葉で言わなければいけないのです。たとえば以下のようにです。けっこう長いです。我慢して読んでみてください。もちろん私が以下のように信じているわけでもありません。たとえばの話です。

自分は自民党全盛期に故田中角栄先生の薫陶を受けた。先生が作った派閥は、故福田赳夫先生の作った派閥のように憲法改正といった政治的イデオロギー色の強いものではなく、高度成長の結果格差が甚だしくなりつつある都市と農村の関係を正し、陰の部分で日本を支えた地方の人々に光を当てて、豊かさを日本全体に分配するという未来図を持っていたから、私はその考えに賛同し、懸命に修業を積んで史上最年少の自民党幹事長になった。

しかし、権力というものを間近で見るにつけ、健全な政権交代がなされないことが政治家の腐敗と官僚の傲慢、そして政府の非効率を再生産していることにつながると痛感した。これは自分が与党の幹事長でなければわからなかったことだ。改革を呼びかけたが、党内は既得権益にしがみつく者ばかりで、絶望した私は九三年に自民党を離党して新しい理想を掲げて新生党を作り、

非自民連立細川政権を作り、そして新進党を立ち上げ、解党後も自由党に踏みとどまり、今日の民主党に合流し、一六年かけて本格的な政権交代を果たした。

この間、激動の政界の中にあって、ときには緊張のため嘔吐するような権力闘争を戦い、かなりの無理をして十数年を生きてきた私は、心臓に持病を抱えていることもあり、もう引退の時期を見据えている。いま私は、自分の掲げる「自立した政治家と自立した市民による国際協調を理念とした普通の国家」という理想を受け継ぐ後輩たちの育成の必要性を訴えている。そのために私財を投げ打って塾を立ち上げた。旧経世会の諸先輩に対しては、世間では毀誉褒貶あろうが、私は先輩から学べるところはたくさんあると信じている。政治は机の上の秀才君だけでは立ち行かないし、都市と農村の格差是正という理想は間違っていなかったと思う。だから、次世代の理想を掲げる若者に、旧経世会や自民党政治の功罪を伝える義務があると思う。

これまで、マスメディアなどで報道された私の政治資金は、基本的にはすべてこの後継者作りのために使ったものである。合法的な手段で集めたお金は、すべて私塾とそれに関連する目的のために使った。金の延べ棒を買ったこともないし、大理石でできたプールを庭に作ったわけでもない。お酒だって近所の駒沢の居酒屋で、一本四〇〇円の日本酒を飲んでいる。マンションではなく大きな戸建に住んでいるのは、妻が事業をやっていて、有り難いことに収入があるからだ。マンションではなく大きな戸建に住んでいるのは、マンションでは人をたくさん集めて会合など開けないからだ。

お金は、塾の土地や建物だけに使ったわけではない。いまだ花は開かずとも若くて志のある政治家の卵たちの未来を考えて、身銭を切って彼らの暮らしを支えた。二八歳でサラリーマンを辞め、理想に燃えて政治家を志し、不安ゆえに猛反対する妻を説得したとしても、貧困ゆえに選択した家賃の安い郊外住宅では、永田町・霞が関の情報は入らず、かといって高い都心の家賃を払うのにコンビニでアルバイトをさせるわけにもいかず、それでも将来日本を背負う人材と確信があれば、妻や子供を含めて人並みの暮らしをさせるために年収最低四〇〇万ぐらいは保証してやらなければならない。そうでないと優秀で貧しい若者が政治家を目指すことすらできなくなる。生まれながらの金持ちの息子以外は政治家になれないということになる。私は父も政治家だったから、幸運だった。しかし、亡くなった父は岩手の田舎から出てきた叩き上げの苦労人だった。だから、この社会に御返しをするつもりで、法律の範囲内で徹底的に若い人材を支えた。清貧では現実は動かない。未来のためにお金は必要だったし、これからも必要だ。自給九〇〇円のアルバイトでは、政治家は育てられないからだ。

東北地方での公共事業の配分を行う絶大なる権限があったとか、私の声は「天の声」とか、印象に基づく報道がたくさんなされているが、自民・自由連立内閣のときに自ら連立を離脱して下野の道を選んだ私に、公共事業の個所づけをする法的・現実的影響力があったと考えるのは、政治を知らない素人同然の主張である。公共事業削減は元々は小泉内閣からずっと顕著なのであって、私個人がゼネコンに上納金を要求できるほどゼネコンの景気はよくない。それどころか、そういうやり方をさんざん見てきて、そんなやり方ではもう駄目だと思ったから私は自民党を離党したのだ。経世会的なやり方を継承する闇将軍というイメージは、思考停止の二〇世紀的評論家のノスタルジーである。

マスメディアの諸君。もう自民党時代の古びた文法で政治を報道するのは終わりにしないか。有権者も変わり、政治家も変わりつつある。官僚も新しい時代の役割を模索している。でも、諸君たちマスメディアが旧態依然としていては、大切な変化を有権者に正しく伝えることができない。諸君たちの責任ははなはだ重いのだ。私を批判するのはよい。ただし新しい言葉で健全に批判してほしいのだ。ぜひとも記者クラブは解散してほしい。

有権者のみなさん。これまで私は政治家としてあまりたくさんのメッセージを送ってこなかったかもしれない。口下手ゆえ誤解もたくさんあった。しかし、二一世紀の政治家はそれではだめだと気がついている。私自身も大きく変わって、今後は徹底的に説明を果たすつもりだ。しかし、これだけはわかってほしい。みなさんもおわかりのように、現実の政治は書生のような道徳論では動かない。政治には金が必要だ。後援会のニューズレターを一部印刷して三〇〇円、一万人の会員に年四回送れば、それだけで一二〇〇万円だ。東京と岩手の事務所あわせて三か所の年間の家賃も一〇〇〇万円を超える。私設秘書の人件費は八人で三二〇〇万だ。二〇人以上の若者の面倒を見ている小沢塾の運営には、その倍かかる。今後も理想を掲げる以上お金はかかる。でも、どんな金を何に使ったについては、正しいことをしたなら堂々とみなさんを説得したい。そのように私は変わる。

私は、自民党離党以来これまで、未来の政治家を育てるためにすべての金を使った。どうか信じてほしい。

くどいようですが、このように言っているのは「仮想元幹事長」です。私ではありません。ここで仮想元幹事長が言っていることが事実であるかどうかは、わかりません。本当の真実など誰にもわからないかもしれません。田中派に入ったのは、理想に共鳴してではなく、父親が田中角栄の親分だった吉田茂に重用された経緯があったからかもしれないし、守旧派に絶望して自民党を離党したのではなく、経世会の跡目争いに敗れて居場所がなくなったからかもしれないし、駒沢の居酒屋は一〇回に一回くらいで、本当は赤坂の「座って飲んで食べて二〇万」の料亭かもしれないし、政権交代後の首相になることを当て込んで本当にゼネコンは彼に投資をしたのかもしれないし、そしてそもそもこの口上はすべて嘘かもしれません。それはわからないのです。

だから評価の基準は、有権者にこの**口上がどれだけの説得力をもっているかだけです。**政治家は、「橋を作ります」、「道路を作ります」ということだけで有権者の気持ちを引っ張り続けることはできません。金の切れ目は縁の切れ目となるからです。下野した自民党の人はそのことを身にしみてわかりつつあります。大切なのは「まあ、そりゃそうだよな」と、有権者の心を柔らかくするための練りに練られた言葉です。たとえば政治とカネの問題で言えば、大人が普通に生きていれば政治にお金がかかるのは当たり前だと、相当な世間知らずでなければみんなわかっているはずなのに、よそから受け売りの「政治は最高の道徳である」などという怠惰な言葉に巻き込まれて、知らず知らずのうちに**「大人の可愛い子ぶりっ子状態」**になってしまっています。日本のマスメディアはものすごい量の「ぶりっ子有権者」を毎日生産しています。このカタクナな心を溶かすための言葉こそが必要なのです。説明不十分の元幹事長も、旧田中派は金権政治だとカタコト報道をするメディアも、「なんかダーティーっぽくねぇ?」と幼児語で考える有権者も、みんな言葉足らずです。

◉――脱ぶりっ子を目指して

この一〇年ほど、国会議員の議員宿舎の家賃が安すぎるという批判と彼らの特権を見直すべきだというキャンペーンのようなものが継続中です。赤坂の議員宿舎の家賃が、普通に賃貸物件を借りるときの一〇分の一ぐらいだから、それはおかしい、庶民感覚から言えば、そんな特権は許せないと鬼の首を取ったようなテレビ報道です。政治家は、そうした理不尽な攻撃にまったく言い返すことなく、ほとぼりが冷めるまでわざわざ議員宿舎を出て、一〇倍の家賃のマンションに事務所を移したりしています。当然お金がかかりますから、またぞろ無理してお金を集めることになり、「ヤバい」金に手をつけようかどうかと悩ましい問題となります。どうして議員もマスメディアも、大人のぶりっ子を放置し、再生産するのでしょうか。どうして「赤坂にしては家賃安すぎねぇ?」という幼児の域を出ない言葉足らずなのでしょうか。

みんなぶりっ子をやめて**「国会議員は庶民じゃないんですよ」**と当たり前のことを言えば済む話です。国会のメンバーとなれば、それは立法府の一員ですから、ジーパンをずり下げて「ばぁかぁ、ちげぇーよ！」としゃべる二〇歳をアフガニスタンに兵隊として送り込む法律を作る権限を持っています。彼らの判断が間違ったら、一億人を破滅に追い込むこともあり得ますし、もし北朝鮮からミサイルが飛んできそうなら、自衛隊が出鱈目をやらないように全員国会で緊急集会を開かなければならないのですから、八王子から甲州街道を使って霞が関まで行く時間はありません。車で三分の赤坂にいなければ責任を果たすことができないのです。どうしてこんな簡単なことを説明しないのでしょうか。どうして、手取り二〇万感覚で政治家を判断するのでしょうか。自治体の議員ではありません。予算規模約一〇〇兆、人口一億、GDP世界三位の国の代議政治家です。責任を果たすための特別な権利や便宜があって当たり前です。「赤坂に特別な額の議員宿舎がある理由は以下である」とどうしてたくさんの言葉で説明しないのでしょうか。説明が足りないから、形式は「政治家の宿舎の家賃は安すぎるがいかがなものか」という言葉使いであっても、実質は**「政治家の家賃てありえなくねぇ？」**という幼児語と同じ機能を果たしてしまいます。本当はどうして政治にお金がかかるのか、政治における誤った金の扱い方とはどういう扱い方なのか、企業・団体からの献金を禁止する本当の理由は何なのか、政治的な影響力を行使するために必要な資源というものをどこまで平等にすべきなのか、どこまでを公的資金で賄うのか、そういうことを言葉として切り分けることなく、「なんか汚くねぇ？」というレベルとさほど異ならない大雑把さで、有能な政治家の足を引っ張ったり、木端スキャンダルだけで葬り去ったりしているとしたら、政治やその報道の世界においても、私たちを眠らせる幼児語が跋扈していると言えないでしょうか。

金権政治がよろしくない理由はシンプルなものです。それは**「金の力にものを言わせる」こと**で**「人間にものを言わせる」契機が失われてしまう**からです。これまで何度も強調してきましたが、政治にはお金もかかるし、嘘はいけないが「方便」は必要ですし、人々をほっとさせる笑顔も必要です。しかし、やはり「言葉がすべて」です。金権政治は、私たちが絶対に衰弱させてはいけない健全な言葉とハートの流れを止めます。つまり「言葉で他者のハートを動かし、動いたハートが肉体を動かし、動いた肉体が他者の肉体を動かし、それが新しい言葉を産み出す」という政治のダイナミズムのサイクルを滞らせてしまいます。政治とカネの問題の本質は、まさにここにあります。ひたすら曖昧に「何となくカネって汚いし、裏で怖いことが起こっているようなイヤぁーな感じがする」から元幹事長は議員を辞めるべきだとやっていたら、それは「自分を棚に上げたぶりっ子」の顔色をうかがったカタコト政治となってしまいます。雰囲気で大事な決定をしてはなりません。かつての開戦の決定のように。

大切なことなので、もう一度言います。**「政治とカネ」に関して、民主社会において本質的なポイントとは、「言葉をたくさん使って人を説得する動機を希薄にさせてしまうものは注意深く扱わねばならないということ」です。**このあたりに踏み込み、この本質を確認することなく「説明責任」などという大雑把な言葉で、有権者の印象を増幅させているとするならば、マスメディアのやっていることは民主政治を衰弱させることにつながります。「説明責任」とはどういう「責任」なのかについて、じっくりと腰を据えた議論をマスメディアはしてきましたか。もししていないなら、「セツメーセキニン」という音声は、もう半分「それってなしじゃねぇ?」レベルの幼児語になりかけています。このままでは「政治家が言わねばならないこと」と「政治家でも言えないこと」と「政治家だからといってむやみに尋ねてはいけないこと」の違いを分節化できません。幼児は「小さい人間」と「子供」の違いを頭の中で分節化できていません。幼児語を使うと政治もそうなります。

相撲は、季節物、縁起物のニッポン人のエンターテイメントです。何百年も同じことを繰り返してこそ伝統的興行です。今日も、能面のような表情でモンゴル出身の白鵬は「日本人よりも日本的と思わせるようなタタズマイで」ツマラナく日本人力士を土俵の外に追い出すでしょう。永遠の既視感です。愛すべきワンパターンです。変わったことをされると不安になります。でも**政治は興行ではありません**。永遠のワンパターンでは、世界の中で眠り、私たちの社会を維持できません。どうして本当は「子供手当がダメなのか」を「バラマキ」というカタコトの言葉以外を使って、説明しないと、今後はすべての政府と政治家が「バラマキ」という、現実を分節化できていない言葉で葬り去られます。

きちんとしゃべらないと人生も政治も社会も衰退し、眠ってしまうのです。

おわりに

◉――言葉足らずの歌

以下二つの歌詞は、いずれもポップミュージックの世界では誰もが知っている人たちのものです。どちらも、人を想う強い気持ちを表現する詞です。

A

もしも願いが叶うなら どんな願いを叶えますか?
僕は迷わず答えるだろう **もう一度あなたに逢いたい**
外は花びらの色付く季節 今年も鮮やかに咲き誇る
あなたが好きだったこの景色を 今は一人歩いている
理解（わか）り合えずに傷付けた 幼すぎたあの日々も

確かな愛に包まれていた事を知りました
逢いたい 逢いたい 忘れはしない
あなたは今も 心（ここ）にいるから
ありがとう ありがとう 伝えきれない
想いよ どうか 届いて欲しい

朝の光に目を細めて 新しい日常が始まるけど
気付けばどこかに探してしまう もういないあなたの姿を

何も言わずに微笑（ほほえ）んだ 優しかったあの笑顔
生きる苦しみ喜びを 何度も教えてくれた

溢れて 溢れて 声にならない
あなたを空に 想い描いた
泣いたり 笑ったり 共に歩んだ
足跡 永遠（とわ）に 消えはしないさ

（「逢いたい」作詞：北川悠仁）

B

思ったよりも夜露は冷たく
二人の声もふるえていました
「僕は君を」と言いかけた時
街の灯りが消えました
もう星は帰ろうとしてる
帰れない二人を残して

街は静かに眠りを続けて
口ぐせの様な夢を見ている
結んだ手と手のぬくもりだけが
とてもたしか見えたのに
もう夢は急がされている
帰れない二人を残して

もう星は帰ろうとしてる
帰れない二人を残して

（「帰れない二人」作詞：忌野清志郎・井上陽水）

この二つの歌詞を読んで、その水準の違いにまったく何も感じない人は、私がこれから言うことにかなり「ムカつく」かもしれません。言いたいことは、これまでに述べてきたことと同じです。字数はAの歌の方が圧倒的に多いのですが、この歌には圧倒的に**言葉が足りません。**たくさん言葉を使うことの必要性についてさんざん書いてきました。機関銃のように言葉を撃つことの中に何かを切り開く契機がありますから、「数」を増やすことは大切です。しかし、歌詞Aは、やはり「言葉足らず」の歌です。と言うか言葉と格闘したという痕跡を見出せません。「これでもまだ全然俺の気持ちは言えてないけど」という、優れた作品すべてに共通する**「はみ出る気持ち」**がまったく感じられません。この曲を歌っている二人組のことを好きな人には本当に申し訳ないのですが。

言葉足らずの歌(「ベタな歌」とも表現できます)は、巷間溢れ返っています。井筒監督が映画『パッチギ』で大友康平に「この世の中にはなあ、歌っちゃいけない歌なんかねえんだ!」と言わせたように、別にその歌を歌ってはいけないとは言えません。気になって仕方がないのは、このAのような言葉足らずの歌をたくさん歌っている二人組が、若者を中心に圧倒的に支持されているということです。二十数年前、私がもう少し若かったころ**「やっぱり最後に愛は勝つ」という、心の怠けたヌルヌルな歌**が持て囃されましたが、それに熱狂したのはほとんどが「中学生以下」の子供でした。まともな大人は、「気持ち悪い歌だな」とカルト宗教の匂いを感じて近寄りもしませんでした。でも、Aの歌は、もはやいい大人の二〇代の若者に大変な人気を博しているのです。そして、どうやら音楽作品として「これでよい」、「こういうのもアリ」ということになってしまっているのです。某国営放送は、言葉足らずな彼らの別の作品を、かつてオリンピックのテーマソングにしてしまいました。「栄光」という言葉を連発する、やはり言葉足らずの大雑把な歌でした。

「大衆が好むものなんて、しょせんはそんなものだ。流行歌（懐かしい！）なんてものは、わかりやすくベタベタなストレートに気持ちを表現するものじゃないと庶民の心には響かないんだよ。岡田先生よ、あんたは歌謡曲（これまた懐かしい！）にいったい何を要求するのかね。大きなお世話なんだよ」と、トーダイを出た元大手広告代理店部長は、こう言って居酒屋で私を諭しました。「でもですねえ」と私はおでんを食べながら反論しました。こんな歌もありましたよね。

C

久しぶりに 手をひいて
親子で歩ける うれしさに
小さい頃が 浮かんで来ますよ
おっ母さん
ここが ここが二重橋
記念の写真を とりましょね

やさしかった 兄さんが
田舎の話を 聞きたいと
桜の下で さぞかし待つだろう
おっ母さん
あれが あれが 九段坂
逢ったら泣くでしょ 兄さんも

さあさ着いた 着きました
達者で永生き するように
お参りしましょよ 観音様です
おっ母さん
ここが ここが 浅草よ
お祭りみたいに 賑かね

(『東京だョおっ母さん』作詞：野村俊夫)

私が大好きな島倉千代子の歌った名曲です。彼女は、美空ひばりと並んで大衆の圧倒的な支持を受けてきた歌い手さんです。「二重橋」は天皇陛下のメタファーです。「やさしかった兄さん」

と「九段」の「桜の下」で逢えるというのは、「戦死した兄に逢いに母と二人で靖国神社に来た」ということを示しています。「ここが浅草よ。お祭りみたいに賑やかね」という部分は、田舎でひたすら重労働するだけの歳老いた母にとって、賑やかな出来事とはお祭りだけであるという、母さんの切なくも慎ましい人生の様相を醸し出します。歳老いた母を想う気持ちは「おっ母さんが大好きよ」という直接的な言葉を一切使わずに、豊かな表現で描かれています（この歌を聞くと私は不覚にも泣いてしまいます）。

昭和三〇年代の大衆に愛され、庶民の心の支えになった、そして名もなき人々の気持ちを代弁したこの歌は、これほどの言葉によって創られているではありませんか。大衆に支持される言葉使いと、ベタベタな歌詞とは重なり合うところも多いですが、本当に人々の心に届くものは、やはり「言葉足らず」のはずがないというのが私の考えです。当時、島倉千代子のこの歌を愛した「大学出」の人はあまりいなかったはずです。でも、豊饒な言葉に導かれて多くの庶民の共感を得ました。しかし、先ほどのAの歌は、スカスカの言葉足らずのくせに、現代の大学生・若いサラリーマン・OLに「ちょーよくない？」と支持されています。「庶民には言葉足らずの歌で十分だ」などと言うのは、トーダイ出身者の思い上がった態度です。

歌を創る、絵を描く、小説を書くといった創作活動の根源的動機とは何でしょう。人間は、「逢いたい」と思う気持ちを「逢いたい」という言葉で表現することで満足できるなら、もうそれを「歌」にする必要はありません。「逢いたい」と相手に向かってただ発話すればいいのですから。

同様に、そういう気持ちを「逢いたい」という日本語で過不足なく表現できたと感じたら、そういう感情をなにも別個に「絵画」で示す動機もないはずです。自分の抱える複雑な、それこそ「何とも言えない」「、本当は「逢いたい」という日本語からははみ出してしまうものがたくさんあって、どうにも「逢いたい」という言葉ではとうていこの気持ちを表現できないという思いが溢れたとき、ある人はそれを小説で表現するかもしれませんし、またある人は映画を撮影するかもしれません。しかし、最低でも「逢いたい」という言葉以外の言葉を動員して、「逢いたい」という気持ちを伝えようとするでしょう。

簡単に言ってしまうと、Aの歌詞を読むと、「『逢いたい』で済むなら、歌にするなよ」と思ってしまうのです。あるいは「伝えきれない想い」を「伝えきれない想い」という歌詞で歌うのは、**創作以前の反則**だろとつぶやきたくなるのです。「好き」と「嫌い」以外の判断基準を持つ人間（少しはものを考える大人という意味）にとって、**寂しいときには「寂しい」という言葉を使わないで歌を創る、シナリオを書く、そして小説を産み出すというのが人前で何かを見せる者たちの最低限のお約束だったはずです**。なぜならば「寂しい」なんて言う、そんな言葉では、俺のこの寂しさを表すことなんかできないんだよという「歌を創るハートを起動させる、やり切れないズレ」が、「寂しい」という言葉しか知らない幼児と大人を分けるものだからです。「何言ってんの。歌詞なんだから表現は自由じゃない。人の歌にケチつけるなんてサイテェ！」と思った方には申し訳ありません。おっしゃる通り、歌詞なんだから何を書いても自由です（歌詞ではなく「楽曲」については別です。ここではトータルな「曲」の話ではなく、あくまでも「歌詞」の話をしているにすぎません)。でも、この歌詞は中学校の文化祭で歌われるならよいのですが、ものを少しは考える大人には、とても耐えられない歌詞なのです。というか、むしろ自分のまわりのすべてにイライラして、肉体の成長と精神の成熟が連動せず、世界が鬱陶しく感じる、あの二〇歳ぐらいまでの時代に、あの人に「逢いたい」という気持ちを「逢いたい」というワード・チョイスで歌にされて、「これこそが僕の思っていた気持ちだ!」と共感できることが信じられないのです。だって、そんな言葉で言いつくされるほど二〇歳の気持ちは素朴な気持ちだったんですか。こんな言葉足らずの表現で、自分の気持ちを代弁してもらったと思えるほど、二〇歳の気持ちは規格品のようなものなのですか。二〇歳の気持ちって、もっと複雑な表現を渇望するんじゃないの。そして自分で表現する才能が足りないと思えば、そういう表現を歌や絵画や映画から必死に探すんじゃないですか。本当にいいんですか?「逢いたい」で。

◉———教育を受けた人間の責任

本を読んでも、新聞を読んでも、雑誌を見ても、テレビを見ても、ラジオを聞いても、学生と話していても、とにかく言葉が圧倒的に足りないと気がついて、もうかなり経ってしまいました。ポップミュージックの歌詞だけではなく、ドラマを見てもそのシナリオと主題に関して、下北沢で芝居を見てもその「言葉足らず」の台詞回しに、ラジオを聴いてもその「まともにしゃべれない出演者」に、もう連続違和感です。イライラは募る一方でした。若いフォーク・デュオの創る歌に始まって、もう「どうしてだよ」のオンパレードです。どうして理解不能の他者というスタートラインが人間にはあるのに「人の気持ちを理解できる人間」などという大雑把な人物像を中心にドラマを創るのか。どうしてまともに話せない残念な人をオリンピック中継番組の「ゲスト・コメンテーター」として平気で番組に出演させるのか。どうしてまともにしゃべることができない、メディアに出演させる水準以前の、「クラスにいたおもろい奴」よりも「おもんない」、素人同然の芸人とやらを大量にテレビに出しては次々に潰していくのか。どうして相変わらずスポーツ・インタビューで「気持ち」ばかりを尋ねるのかなどなど。もはや自分は歳を取ってしまって、ただただ自分になじみのない若い人がやってることに全部ケチをつける頑固で嫌みなおやじになってしまったのかしらとも考えてきました。なんだかなあと。

　でも老けたとはいえまだ四〇代です。言葉の使い方は、それを使う時代の人間たちの特権であるという部分も理解できるし、自分が若かったあの「スカ」のようなクダラナイ一九八〇年代だって、軽薄な言葉はたくさんあったし、自分も冗談でそれを使っていたら癖になってしまい、馬鹿を治療するのにけっこうな時間がかかりました。某民放が女子大生をタレントとして利用し、『あたしたちは馬鹿じゃない』という番組をやったときも、出てきた女子大生は可愛かったけれど、全員残念な人たちでした。某民放アナウンサーは「旧中山道《きゅうなかせんどう》」を、「いちにちじゅうやまみち」と読みました。だから、すっかりおかしくなった昨今の状況も、気のせいだと思いこもうとしたときもありました。しかし、街でも学校でもメディア内部でも、やはりどうにもおかしいという気持ちは消えず、危機感が募り、言葉が足りないぞという緊急サイレンを鳴らそうと思いました。同時に、**それでも私たちの中に眠る、あるいは気がつかなかった力をもう一度確認しよう**と呼びかける意味で、私はくどくどとこの本を書きました。いまでも、思い過ごしならいいんだけれどと祈るような気持ちがあります。

本当に、間違いなく言葉数が減ったのかどうかは統計を取って綿密な調査をするべきだと社会学者は言うかもしれません。思い返すと、昔だってそんなに日本人はたくさん言葉を使わず（そもそも、本著の中で昔は学問や教養のない大人がたくさんいたと書いてあるじゃないかと思う人もいるでしょう）、沈黙は金で、無口だが阿吽《あうん》の呼吸で、以心伝心でという人たちだったのかもしれませんから、いまだって似たようなもんだよということかもしれません。

雨が降ろうが槍が降ろうが雷が鳴ろうが、てんで言葉に興味がなく、黙っていてこそ金という人は、どんな世の中になろうと世界には必ずいます。すべての人に「もっと言葉を」と言っているわけではありませんし、今後も言うつもりはありません。でも、この世の中は近代世界という世界で、ここでは「ドンダケ」ウザかろうと、言葉でルールを決め、言葉で問題を指摘し、言葉で合意を作り、言葉で問題解決の道を図ろうとすることになっています。そして、何か問題が起こる度に警察や軍隊といった物理的暴力に訴える国家があるとすれば、そうした国家は「政治に失敗している」ということがいまや常識となっている以上、少なくとも自分の意志で学校に来て、卒業して働きながら社会の中核部分を支え、協働し、快適なオフィスで生きている人間は、「自民党ってウザくねぇ？」で終わらせてはいけない責任と義務を背負っていると思うのです。私は「はじめに」で、すべての人にわかってほしいとは思わないと書きました。わかってほしいのは、**「言葉を手放さない意志を持っている人」**です。つまり、私が長々してきた話をとくにわかってほしいのは、社会的中間層の人々です。ここまではっきり言わずに我慢していたのですが言ってしまいました。エリートの方は読まなくてもいいのです。こんな本。

言葉にこだわりもなく、この世界における不条理と理不尽の多くが、言葉を通じて、差別的なやり方で、ひどく権力的にもたらされていることに不満もなく、言葉をたくさん使うことが必要だと思える契機がない、「黙って生きてくだけだぜ」という人には、この本は必要ありません。いつかわかってもらえる日が来るまで辛抱強く待つだけです。同時に、多くの人々が言葉を手放さない社会を協力して作っていくという遠大な計画をあきらめる気も、さらさらありません。しかし、**いま、ここでは、**自分の意志で学校に行った人間にはどうしてもわかってもらいたいのです。

この世の中には、学校に行きたくても、言葉を覚えたくても、資格を身につけようにも、弟や妹や病気の父や母のために若いときから働きづめでいたり、「男は喧嘩にさえ負けなければいい」という独特の躾の家庭に育ったり、本を読んでいる人を子供のころからほとんど見たことがないくらい忙しく商売をしている家に生まれたり、自分自身が障害を持ってしまったりなど、本当にいろいろな理由で学校に行けなかったり、ちゃんとしゃべれない人がいましたし、いまもたくさんいます。だから、親のおかげで高い学費を払ってもらい、それなりの教育を受け、学校に行って、ひたすら肉体だけを削って金を稼ぐような辛い労働をせずに、デスクワークをして給料をもらっている人やその予備軍の人たちが、言葉を減らして、劣化させて、大切なことや好きなことに関して幼児語表現ばかりしていては、額に汗して働いてきた人、いまも働いている人たちに申し訳がないと、私はどうしても思ってしまうのです。もうこういう言い様はすっかりはやらないのかもしれませんが。でも、こうしているいまでも、誰もがやりたがらない仕事で額に汗している人はたくさんいるのです。

私の亡くなった明治三七年生まれの祖父は「学校に行かせてもらってんだから、しっかり勉強して、学校に行けなかった人を幸せにしなきゃいけねえよ。おじいちゃんは、物心ついたときから一人ぼっちだったから、学校に行けなかったけど、いいなあ、ケンちゃんは」とよく言っていました。祖父は、東京の下町で質屋の小僧をやって、ギャンブルで身を持ち崩し、立ち直った直後に兵隊に二回も引っ張られ、極寒の中国大陸で軍馬の世話をする底辺の二等兵として上官に殴られ続けて、復員した途端に結核にかかって、ろくな仕事につけず、しょうがなく「靴の修理」をして生活し、お金も財産も残さず、バブルの最中、タワシのように小さくなって死んでいきました。私は、その祖父の言ったことをどうしても忘れることができません。もう一人の祖父はいわば戦前の特権的キャリア技官でしたから、私に多大なるものを与えてくれましたが、「学校に行かせてもらっている人間の責任」という問題は、圧倒的にこの下町の祖父の人生によって突きつけられたものです。

私たちはちゃんと言葉を使わないと、いくら物が溢れていても本当の意味で豊かな社会を作ることも維持することもできません。そして、なんといっても国家の暴走をコントロールするという、面倒だけれどもやらないわけにいかない仕事も、みんなと協力してやることができなくなってしまいます。先にも紹介しましたオーウェルの『一九八四年』の世界の恐ろしさは、もはやそれほどSF世界の話でもなくなりつつあります。言語力が弱くてサッカー日本代表が弱いままでも、悔しくはありますが、本当は社会に致命的な打撃を与えるわけではありません。感性にまかせて写真撮り続けて、いっこうに上手くならなくても、シャッターを押すことは楽しいです。相変わらず若いフォーク・デュオが「君をすごく好きだからぁ」とベタベタに歌っても、そんな歌は地上に存在していないと思いこめば、イライラも何とか我慢できるかもしれません。しかし、**「中国と戦争する目的は平和のためである」**などという意味不明なスローガンが撒き散らされ、かつそれをきちんと問題にすることなく「なんかビミョーじゃねぇ？」で終わらせる大量の社会的中間層が常態化したら、それはもう洒落になりません。愚劣という言葉はそういうときに使うのです。

◉——エリートを突っ込み励ます人たち

一％くらいの「エリート」と呼ばれる人々は、いつの時代にもどこにも必ずいます。この比率はそんなに変わりません。ちなみにこれまで何度もこの言葉を使ってきましたけれど、「エリート」は蔑称でも差別用語でもありません。エリートとは、**「才能や親の文化資本に恵まれた結果、能力を育てることができ、その能力がたまたま生まれてきた時代にマッチしたというダブルの幸運に恵まれたのだから、ある程度は自分を犠牲にしてでも人様に奉仕する義務がある人たち」**という意味です。残念ながらこの一％の中には、優秀な人にありがちな「鼻もちならない」人がたくさん含まれています。だから、そうした鼻もちならないエリート、つまり**秀才だが秀才の責任を自覚できない残念なエリート**をきちんとコントロールするためには（「ええかげんにせぇ！」とか「なんでやねん？」とか「あほやなあ」とか「もうええわぁ！」などと突っ込みをちゃんと入れるためには）、**「言葉をきちんと使える第二集団」が絶対に必要なのです。**自分の意志で学校に行った人間には、有能ゆえに社会に有益な、それでいて無邪気で危険なエリートたちを**正しく監視する**というとてつもなく重要な仕事があります。でも「っていうかマジウゼぇしぃ」などとしゃべり続けていると、間違いなくアホになり、嫌ったらしいエリートに利用され、大切な責任を果たすことができません。第二集団にはエリートとは異なる責任があるということです。そうでないと優秀なエリートが社会から育ちません。エリートを妬んではいけません。**エリートを第二集団が育てるのです。**発想を変えましょう。

第二部の話、つまり「言葉が足りない」ではなくて、言葉はあっても「どうしても身がすくんで言えない」という話も、私たちの宿題として、今後とも格闘しなければならない話です。どうして言えないのかとＯＬのみなさん、働くみなさんはいまも悩み続けています。「そんなこと言われても、やっぱりこの先もしゃべれないよ」と思っていらっしゃるかもしれません。おそらくそうでしょう。私もそうです。でも、「しゃべれない」と言っている人間に「でもしゃべれよ」では、あまりに芸がありません。とすると、言い方を変えねばなりません。

一つは、どうしても言えなくても、「なかったことにする」という最悪の事態を防ぐ方法を考えようということです。それは、**「それでもいくらかは話せる、自分の利害を超えて私たちの利益を念頭に、言葉を発していこうという勇気を奮い起している少数の人々」**を見つけて、本当は表立って応援する方がいいに決まっているのですが、どうしても諸般の事情で陰ながらしか応援できない場合でも、少なくとも**そういう人たちを孤立させない努力を淡々とすること**です。全員が話せなくても、いろいろ協力してなんとかしていく方法については、別の本に予定しているのでここではこれ以上は触れませんが、この世は役割分担ですから、「それは変ではないですか」と勇気を持って言うことのできる人を励まし、その人に協力し、その人の能力を最大限発揮するための最低限の舞台ぐらいはみんなで用意してあげる、その気持ちがこちらにはあるのだということを伝えてあげることです。少しでも力とセンスと能力を持っている仲間を「孤立させずに勇気づける」ことは、特別な才能などなくてもみんなにできます。**無力な人間ができる最後のことは、人を励ますことだからです。**

とにかく「何だか曖昧にみんなが流されてしまった」ということだけは、何としても避けるように頑張らないと、帰りの電車でウジウジと負のエネルギーをためている全国の働く仲間たちの溜息が無駄になります。朗々と話せなくても、「それはおかしいよ」と声帯を震わせるきっかけを一生懸命探し、何とか上手にできないものかと、粘着質で考えたいものです。

◉——私たちのできること

サッカーを愛するみなさん。試合のあと、相変わらずくだらないインタビューがなされたら、テレビ局に「『どうですか』というような大雑把な質問と『気持ち』をひたすら聞こうとするような、サッカーと関係のないインタビューはやめてください」とメールか電話をしましょう。かつて、日本対南アフリカの試合で「ゴール！ゴルゴルゴル……！」と二六回も叫んだ馬鹿アナに、ものすごい量の非難とクレームのメールと電話が届きました。あっぱれです。じつは私もやりました。はい。やればできます。やりましょう。

世界最高水準のカメラを産み出しているニッポンの写真ファンのみなさん。撮った写真を見ながら、みんなでくだらなくも楽しい写真の言葉を投げ合いましょう。「写真ていうのはさあ、結局『無意識』を撮るんだよ。言わばね、チッチッチ」とか馬鹿なこと言うと、次の週末に撮る写真が変わってきますよ。本当です。

学校関係者のみなさん。「作者の心情を想像してみよう」などという「理解」と「忖度」の区別をできなくさせるような馬鹿な授業をやめさせて、世界中で普通にやっている「言語技術」と「テキスト分析」方式の国語の授業を始めるように、現政権に意見書を出してください。そして馬鹿な「忖度問題」に対して、堂々と「作者の心情はいろいろです」と答える生徒の答案に一〇〇点をつけましょう。そういう答案を書く子供は、未来の日本を救います。それは近代日本のエリートの陥った病気を克服できる生徒です。

そして、言葉は大切だといくらかでも信じているみなさん。「いくらなんでもひどすぎる」と思うことが起こったら、誰か言葉を持った人が必ず現れて「それはひどいのではないですか」と言い始めますから、そういう人を孤立させないために、「私たちの最低限の信頼関係の意識」を必死に言葉で支えて、そういう気持ちを言葉で育てて、決して幼児語を使わないできちんと物を言う日常の努力と勇気をキープしましょうよ。新聞を読むと、線路に落ちた人を命がけで助ける若者がいることを知ったりします。そんな英雄的なことは自分にはできないけれど、そういう若者のことをたくさんの言葉で語り合うことはできます。さほど捨てたものではありませんよね。僕たちの社会はまだ。

そして最後に、生まれた故郷の方言を封印して、東京の大学のキャンパスでみんなのしゃべり方を真似して幼児語を使っているうちに、故郷の言葉も普通の日本語も劣化してしまったことに気づき始めている学生諸君（癖だから直せるよ）。最初から幼児語しか知らなかったけど、推薦使って何とか大学まで来てしまった諸君。とにかく新しい言葉をたくさん使ってみよう。気持ちを言葉にするんじゃないんだよ。言葉を使って、気持ちをはっきりさせるんだよ。「考えとかまだまとまらないんでぇ……」なんて言わなくていいんだよ。考えなんか永遠にまとまらないんだよ。こっち（教員）だって永遠にまとまらないまま勝手にしゃべってんだよ。「まだちょっと人に言えるレベルじゃないんでぇ……」なんて意味ないよ。本当にそんなレベルなのかどうかは君が決めるんじゃないんだから。じゃないと君のレベルは一〇〇年経ったって上がらないんだよ。まず声帯を震わしてみて、話し始めて、それから「考えながら」話せばいいんだよ。「僕が昨今の日本社会で構造的な問題だと思うのは」としゃべり始めると、「そりゃおかしいだろう」と思っていたいろいろなことが「思いがけずに」口から飛び出してくるぜ。思いもしなかった「君の考え」が。でもそれは間違いなく君の考えだよ。それでいいんだよ。**声帯が震えると世界が浮上するよ。言葉の虚しさの話はそのあとでいいんだよ。**こっちにおいでよ。学食脇のテラスで一緒に話そう。

あとがき

「最近みんなちゃんと文句を言わなくなったよね」という友人との何気ない会話がきっかけとなり、本書の構想が生まれました。大変なきっかけを与えてもらったのに、その後戦線を拡大しすぎて、兵站が追いつかず、こうした形にまとめるのに時間がかかってしまいました。本を書く経験をいくら積んでも、書いているうちに「世界すべてを語ろうとする愚行」に陥り、暗礁に乗り上げ、そしてため息をつくことになります。しかし、常に自ら学生に言うように、書いたものはそのときの「ダメな自分の証拠残し」ですから、今回もまた現在を生きる読者のみなさんに諸々委ねようという算段です。御批判いただければ幸甚であります。

前著を書いてから、「虫より馬鹿な男子」も四〇半ばを過ぎ、いろいろ貴重な人生勉強をして、少しは世間というものを知り、たくさんの人に助けられ、有り難いことに仕事にも追われて、気がつくと、しばらく書くことから離れていました。人間としての成熟には到達点というものがなく、それなら未熟のまま世に自分を問うのが物書きの責務とあらためて思い、気持ちを奮い起し、またぞろこのような物を書きました。

こうして、再び物を書き続けることを許してくださった、すべての人に感謝いたします。ありがとうございました。

きっかけとチャンスを与えてくれた友人とは、斉藤典貴さんと亜紀書房の足立恵美さんです。御両人の励ましと尽力で、久しぶりにこうして、なにがしかの考えを世に問う機会を得られました。あきらめずに書き続けてよかったと思います。

「あとがきは短めにね」と御指導賜りましたので、短めに御礼申し上げます（笑）。本当にありがとうございました。

長生きをしていまも私を支えてくれる父、母、そしてなかなか脱稿できない私を、いつも温かく見守ってくださった岳父様、丈母様に感謝申し上げます。ありがとうございました。

天国にいる祖父故本多武雄、祖母故本多シマ様。私は貴方がたに命を与えられ、かつ教育まで受けたのですから、命ある限り本を書き続けたいと思います。ときどき、降りてきて助けてください。ありがとうございました。

戦後六五年九月　長く暑かった夏の終わりに

岡田憲治

著者について
岡田憲治（おかだ・けんじ）
1962年東京生まれ。早稲田大学大学院政治学研究科博士課程修了。専修大学法学部教授。専攻は現代民主主義理論。著書に『権利としてのデモクラシー』（勁草書房）、『はじめてのデモクラシー講義』（柏書房）、共著に『日本の政治課題 2000-2010』（専修大学出版局）などがある。

言葉が足りないとサルになる
現代ニッポンと言語力

2010年10月30日　第1版第1刷発行
2021年1月18日　第1版第6刷発行

著者	岡田憲治
発行所	株式会社亜紀書房 郵便番号101-0051 東京都千代田区神田神保町1-32 電話……(03)5280-0261 http://www.akishobo.com 振替　00100-9-144037
印刷	株式会社トライ http://www.try-sky.com
装丁	岩瀬　聡
写真	岡田憲治（カバー、表紙、扉）

JASRAC　出1012104-001

ISBN978-4-7505-1020-0 C0036